Die Begleit-CD

Im Lehrerheft erkennen Sie am Cover der CD Generation Online , dass parallel Materialien zur Verfügung stehen. Deren Verwendung wird dort in der Regel kurz erläutert.
Darüber hinaus enthält die CD ein zusätzliches und vielfältiges Angebot.

W0272974

Textdateien haben wir im MS-Word-Doc-Format 2003 abgelegt. Dieses Format können auch neuere Programmversionen und die anderer Anbieter öffnen. So können diese als Arbeitsblätter oder als Folien ausgedruckt werden. Wo sinnvoll, können Sie diese verändern und anpassen, bzw. die Schülerinnen und Schüler Textüberarbeitungen und Argumentationsübungen mit weniger Schreibaufwand durchführen.
Alle anderen Dateiformate (jpg, PDF) lassen sich mit jedem PC/ Mac öffnen oder in eigene Gestaltungen übernehmen.

Die Ordner und ihre Dateien im Überblick

Ordner »Argumentieren«

• *Warnung vor Internet.doc*	Die Argumentation überarbeiten und/ oder ergänzen; SH 45
• *Pro_Kontra_Internet_Wikipedia.doc*	Vier kontroverse Meinung über Internet und Wikipedia zum Debattieren; SH 49f.
• *Online als Zeitfresser.doc*	Die Vorlage zur Umfrage im Schülerheft; SH 6
• *Leserbrief_Calvin_Facebook.doc*	Leserbrief von Calvin zur Kritik an Facebook; SH 36
• *Lehrervortrag_Smartphoneverbot.doc*	Lehrervotum zum Schul-Smartphoneverbot; SH 53 ff; Analysieren des Aufbaus der Argumentation.
• *Kompendium_Übersicht.doc*	Eine Übersicht für das Schülerkompendium; SH 63
• *Kompendium_nutzen.doc*	Einbeziehen der Kompendium-Materialien; SH 65
• *Info-Veranstaltung Generation Online.doc*	Vortrag mit gestalteter Einladung zum Thema Generation online
• *Argumentespeicher.doc*	Alle Argumentespeicher; Leervorlage für eigene; SH 72
• *Am Aufsatz feilen.doc*	Überarbeiten des Musteraufsatzes; SH 66-68

Ordner »Materialien«

• *Bloggen_statt_Tagebuch.doc*	Schülerin reflektiert über den Sinn des Bloggens
• *Debatte_Facebook_Unterricht.doc*	Debatte zwischen zwei Jugendlichen, ob Facebook in den Unterricht integriert werden sollte.
• *Faszination Smartphone.doc*	Weshalb Smartphones nützlich sind/ Der lange Weg zum Smartphone (Daten- und Fakten zur Telekommunikation)
• *Generation_Online_Bingo.doc*	Das Bingo aus dem Schülerheft zum Verändern; SH 5
• *Kommunikation.doc*	Vertiefungen zur »Kommunikation«, für Schüler; SH 57f.
• *Online-Lexikon.doc*	Neunseitiges Lexikon: Alle wichtigen Begriffe zum Thema zum Nachschlagen - von A (Account) bis Z. (zoomen). **Ausdrucken - bei Bedarf auch den Schülern geben**
• *Virtual life.doc*	Janas Kritik an Facebook und anderen Phänomenen; SH 37
• *Vorsicht Schuldenfalle.doc*	Viele jugendliche Smartphonebesitzer sind überschuldet; SH 51
• *Wikipedia-Artikel verfassen.doc*	Tipps für Jugendliche (Sie), die einen Versuch wagen wollen

Ordner »Rechtschreibung_Sprache« ①)

- *Jugendsprache.doc* — Die Sprache der »Generation Online«
- *Kampf Denglisch.doc* — Übung zur Vermeidung unschöner Anglizismen
- *Lueckentext_ Vaeter_digitale_ Revolution* — Ein Lückentext, der als Info-Text ins Kompendium aufgenommen werden kann
- *RS_Z.doc* — Sieben Diktate, passend zum Rahmenthema
- *Wortschatzarbeit.doc* — Wortfeldarbeit zu wichtigen Themen-Begriffen

Ordner »JIM-Studie_Diagramme«
Diagramme, farbig, aus der JIM-Studie, zum Ausdrucken als Folie oder als Arbeitsblatt

Ordner »Schülerfotos« ②)
20 Fotos von Stephan Gora und Schülern zum Thema, für Unterrichtsimpulse

Ordner »Karikaturen«
Impulstext 1, farbig, und drei Karikaturen von Gabi Strauß aus dem Schülerheft zum Gestalten eigener Arbeitsblätter

Nehmen Sie sich bitte etwas Zeit zum Sichten der CD-Inhalte, es lohnt sich.
Änderungen vorbehalten

① Rechtschreibung und Zeichensetzung integrativ üben

Rechtschreibung und Zeichensetzung sollten wie vom Bildungsplan gefordert an ausgewählten Beispielen wiederholt, geübt und gefestigt werden.
In unseren Testklassen hat sich die enge Verzahnung von thematischer Festigung und sprachlicher Wiederholung in den Bereichen Rechtschreibung und Zeichensetzung bestens bewährt.
Direkt zum Thema »Generation Online« werden daher sieben Diktattexte als Folienvorlage angeboten, die zentrale Aspekte behandeln. Sie sind auf der CD im Ordner »Rechtschreibung_Sprache« abgelegt:

	Diktattext	*Dateiname*
1.	*Die „Generation Online“* (148 Wörter)	RS_Z_Generation_Online.doc
2.	*Die digitale Revolution* (175 Wörter)	RS_Z_Digitale_Revolution.doc
3.	*Der angebissene Apfel* (185 Wörter)	RS_Z_Apfel.doc
4.	*Was wären wir ohne die Fenster?* (180 Wörter)	RS_Z_Fenster.doc
5.	*Das Herz der digitalen Revolution* (189 Wörter)	RS_Z_Internet.doc
6.	*Überall klingelt, piepst und vibriert es* (192 Wörter)	RS_Z_Smartphone.doc
7.	*Das Buch der Gesichter* (188 Wörter)	RS_Z_Facebook.doc

Die Texte stehen in großer Schriftgröße im Word-Format zur Verfügung, sodass sich daraus auch Folien ausdrucken lassen. Die Texte können gegebenenfalls auf die Bedürfnisse der Klasse abgeändert werden.
Es empfiehlt sich, die Zeichensetzungsregeln, die im jeweiligen Diktat relevant sind, vorab zu wiederholen. Gleiches gilt für die vielleicht noch nicht geläufigen Eigennamen.
Die korrigierten Diktattexte können als Sachtexte ins Kompendium übernommen werden.

Eine abschließende Festigung bietet der Lückentext „Die Väter der digitalen Revolution.doc" (ebenfalls im Ordner »Rechtschreibung_Sprache«), der die Inhalte der Diktate 3-5 vertieft und analog ins Kompendium übernommen werden kann. Dessen Wissensspeicher nennt in alphabetischer Reihenfolge die fehlenden Begriffe. Hier in chronologischer Reihenfolge die einzusetzenden Wörter:
(...) war **Steve** Jobs (...) die Computerfirma »**Apple**« (...) Apfel mit **Biss** der erste **Mac** (...) der **Maus** als Eingabegerät (...) von **Schulen** mit Computern (...) das **iPhone** und (...) den **digitalen Lebensstil** geprägt (...) ist **Bill** Gates (...) der **reichste** Mann der Welt (...) Firma „**Microsoft**" (...) das benutzerfreundlichere „**Windows**" abgelöst (...) in „**Fenstern**", die (...) zur **Textverarbeitung**, zur (...) der den **„Internet-Explorer"**, den (...) das **„World Wide Web"** begründet (...) Die Computer-**Netzwerke** konnten (...) Abkürzung **„HTML"** bis heute (...) der erste **Browser** und (...) auch in **ethischen** Fragen (...) die **Bedeutung** der einzelnen Wörter erfassen (...)

② Fotos als Gesprächs- und Schreib-Impulse nutzen

Die Fotos des Schülerhefts, ergänzt durch weitere, sind farbig als jpg-Dateien auf der Daten-CD im Ordner »Schülerfotos« gespeichert. Sie können auf Folie kopiert oder (kostengünstiger!) über Beamer an die Wand projiziert werden. Bewährt hat sich, diese Fotos zunächst als stummen Impuls zu nutzen.

- Verbieten und konfiszieren – Smartphone in Unterricht und Schule
- Ablenkung durch Smartphone bzw. Laptop
- Mobbing über die Foto- oder Videokamera im Smartphone
- Gemeinsamkeit und Ausgrenzung durch das Smartphone
- Smartphone als Statussymbol
- Pornografie in der Pause
- Smartphone als Hilfe im Unterricht

Sollen die Fotos für Schreibaufgaben genutzt werden, so empfiehlt sich die folgende Fünf-Punkte-Gliederung:

- Bildbeschreibung: Was sehe ich auf dem Foto?
- Interpretation: Was könnte gemeint sein, welches Problem könnte vorliegen?
- Relevanz: Habe ich in meinem Schulalltag schon ähnliche Szenen beobachtet?
- Lösung: Wie könnte das Problem bewältigt werden? Gibt es Alternativen?
- Meinung: Wie stehe ich persönlich dazu?

Ergänzend zu diesem zunächst rezeptiven Verfahren bietet sich der Auftrag an die Schüler an, typische Fotos oder Videosequenzen mit dem Smartphone zu sammeln, die das Lebensgefühl der »Generation Online« oder spezieller den »digital lifestyle« ausmachen. Diese produktionsorientierte Aufgabe erfordert eine systematische Vorgehensweise. Zunächst müssen gemeinsam Ideen gesammelt werden, bevor die einzelnen Gruppen Fotos schießen oder Videos drehen, dann muss nach der gemeinsamen Sichtung des Materials eine vernünftige Auswahl vorgenommen werden. Schließlich muss gemeinsam überlegt werden, wie dieses Material wem präsentiert werden soll. Gerade in der ergänzenden Beschriftung bzw. sprachlichen Unterlegung des Bildmaterials zeigt sich die sprachliche Kompetenz der Schüler.

Das gleichnamige Schülerheft enthält Impulstexte und unterschiedliche Anregungen sowie Aufgabenformate für das Rahmenthema "Generation Online - Leben in verschiedenen Welten?"
Die Arbeitsblätter und Informationsseiten sind - entsprechend der Themenbereiche - angeordnet. So kann das Heft linear bearbeitet werden, genauso ist es möglich, einzelne Themenbereiche daraus zu verwenden oder diese in einer anderen Reihenfolge oder in einem anderen Unterrichtsgefüge zu verwenden.
Nicht alle Aufgaben, insbesondere die vorgeschlagenen Schreibaufgaben, sind von allen Schülerinnen und Schülern zu leisten.
Der Unterrichtsteil diese Lehrerheftes stellt vier Unterrichtsphasen parallel zum Schülerheft vor, die Schülerheft-Seiten sind entsprechend gekennzeichnet:

SH
23

Generation Online – die »Online«-Kontroverse

Bei der Diskussion über die Chancen und die Gefahren des Internets und der verschiedenen Online-Anwendungen fällt auf, dass die Positionen oft unvermittelt oder bewusst einander gegenübergestellt werden.

Der Blick auf einige aktuelle Buchtitel mag dies verdeutlichen:

- Klaus Raab: *Wir sind online - wo seid ihr? Von wegen dummgesurft! Die unterschätzte Generation*. Blanvalet, München 2012.
- Tanja & Jonny Haeusler: *Netzgemüse. Aufzucht und Pflege der Generation Internet*. Goldmann, München 2012.
- Passig, Kathrin/ Lobo, Sascha: *Internet. Segen oder Fluch*. Rowohlt Berlin 2012.
- Hannah Pilarczyk: *Sie nennen es Leben. Werden wir von der digitalen Generation abgehängt?* Heyne 2011.

In Deutschland haben im Vergleich etwa zu unserem Nachbarland Frankreich oder dem anglo-amerikanischen Bereich zunächst Skepsis und Ablehnung überwogen. So war bereits 1999 von einer »*Kurzzeit-Konzentrations-Kultur*« und einer »*Oberflächlichkeit der Beziehungen*« die Rede.[1] Gesteigert wurde diese Negativ-Bewertung in einem Bestseller aus dem Jahre 2009: »Wir werden aufgefressen von der Angst, etwas zu verpassen, und von dem *Zwang, jede Information zu konsumieren*. Wir werden das selbständige Denken verlernen, weil wir nicht mehr wissen, was wichtig ist und was nicht. Und wir werden uns in fast allen Bereichen der *autoritären Herrschaft der Maschinen unterwerfen*.«[2]

Weit verbreitet wurden diese Einstellungen durch Zeitungen und Nachrichtenmagazine – von der »ZEIT« bis hin zum Stern, der 2010 die Facebook-Generation als eine »durchdigitalisierte Jugend« charakterisierte, »von der die Älteren mit Sicherheit wissen, dass sie *niemals mehr Zeitung lesen, keine tiefe Zuneigung empfinden kann*. Ein Typus Mensch, der so individualisiert lebt, dass er Mühe hat, sich mit sich selbst zu verabreden.«[3]
Oft wird ein neuer Generationen-Konflikt postuliert, als gäbe es *die* Generation online mit ähnlichem Nutzerverhalten. Ein genaues Hinschauen zeigt, dass dies eine Reduktion und Verallgemeinerung zugleich ist. Das Internet in seiner jetzigen Form ist kaum zwei Dekaden alt und verändert ständig sein Wesen und seine Möglichkeiten. Jugendliche sind mit ihm aufgewachsen, es gehört zu ihrem Alltag, ihre Lebenswelt wird durch die Internet und neue Medien mitgestaltet. Insbesondere Soziale Netzwerkdienste wie Facebook gehören zum Alltag vieler Jugendlicher, es ist Teil ihres Selbstverständnisses.

Douglas Adams bringt dies pointiert auf den Punkt:
„Ich habe ein paar Regeln aufgestellt, die unsere Reaktionen auf technische Neuerungen beschreiben:

1. Alles, was es schon gibt, wenn du auf die Welt kommst, ist normal und üblich und gehört zum selbstverständlichen Funktionieren der Welt dazu.
2. Alles, was zwischen deinem 15. und 35. Lebensjahr erfunden wird, ist neu, aufregend und revolutionär und kann dir vielleicht zu einer beruflichen Laufbahn verhelfen.
3. Alles, was nach deinem 35. Lebensjahr erfunden wird, richtet sich gegen die natürliche Ordnung der Dinge.“[4]

Wen wundert es da, dass das Medienhandeln der Jugendlichen (nicht nur) von Erwachsenen schwer zu überblicken oder zu verstehen ist.

---

1 H. Opaschowski: Generation@. Zit. nach: Hannah Pilarczyk: *Sie nennen es Leben. Werden wir von der digitalen Generation abgehängt?* Heyne 2011. S. 14

2 F. Schirrmacher: *Payback*. Zit. nach: H. Pilarczyk: ebd.

3 Stern 25/2010. Zit. nach: H. Pilarczyk: ebd.

4 Douglas Adams: *Lachs im Zweifel. Zum letzten Mal per Anhalter durch die Galaxis*. Heyne Verlag, München, 2003, S.134

Auf der anderen Seite wurde und wird die gleiche Generation glorifiziert: »Was diese digitale Generation zusammenhält, ist nicht die gemeinsame Flucht von der analogen in die digitale Welt. Diese Welten sind ohnehin längst verwoben, die eine existiert nicht ohne die andere. Es geht vielmehr vor allem darum, dass das Internet ein *Alltagsbewältigungstool* ist, das es erlaubt, in der Welt zu sein; *sich von der Komplexität der Welt faszinieren und sich von der Vielfalt der Globalisierung inspirieren zu lassen*. Es geht darum, sich mit der Welt anzufreunden und nicht, wie immer unterstellt wird, sich von ihr zu entfremden. Dieses Buch handelt von *Kreativität* und (...) vom *Teilen* (heute besser bekannt als Raubkopieren). Es handelt von der Aushöhlung veralteter Wirtschaftsmodelle, der Abschaffung von Gewohnheitsrechten, einer politischen Bewegung, *neuen Formen der Beteiligung am gesellschaftlichen Gespräch*, der Öffnung der Welt, kurz: Es handelt von einem *gewaltigen zivilisatorischen Fortschritt*.«[1]

Diese plakativen Etikettierungen führen Hannah Pilarczyk dazu, einerseits von einer »*apokalyptischen*«, andererseits von einer »*euphorischen*« Linie in der Bewertung der »Generation Online« zu sprechen. Während das »analoge« Lager vor einem kulturellen Verfall warnt, verherrlicht das »digitale« Lager den zivilisatorischen Fortschritt, der durch Web 2.0 ermöglicht wird.

Die scheinbare Unvereinbarkeit der Positionen lässt sich an einigen Beispielen veranschaulichen.

Negativ bewertet	Digitalisierung	Positiv bewertet
• Verdummung durch Copy & Paste • laienhafte Darstellung • oft nicht anerkannte Quelle	Wikipedia	• user generated content - Nutzer stellen Inhalte ins Netz • »Schwarm-Intelligenz« verbessert die Qualität • kostenloses Wissen
• Verlust der Privatsphäre • Isolierung und Realitätsverlust	Facebook	• Öffentlichkeit als Chance • soziales Netzwerk, soziale Kontakte werden erweitert
• Plagiat, Raubkopie von Videos	Youtube	• »Teilen« (File-Sharing)
• Herrschaft der Algorithmen und der versteckten Werbung	Google	• Recherche-Werkzeug zum Wissen der Welt
• Informationsüberflutung • rechtsfreie und unkontrollierbare Bereiche • Shitstorm und Mobbing	Internet	• Informationsfreiheit • Transparenz und politische Kontrolle • digitale Demokratie
• jederzeitige Erreichbarkeit als Problem, als Ablenkung	Smartphone	• jederzeitiger Zugang zur Welt als Chance
	Fluch oder Segen?	

Was auf den ersten Blick unvereinbar erscheint, ist bei genauerer und vor allem differenzierter Betrachtung weniger kontrovers.

So ist Copy and Paste im Hinblick auf den Lerneffekt in der Tat kritisch zu hinterfragen, aber gilt das nicht gleichermaßen für das unreflektierte Abschreiben aus Büchern? Natürlich ist es ein Problem gerade für die Schule, dass mit der C&P-Funktion das digitale Abschreiben aus dem World Wide Web technisch enorm erleichtert wird, aber sind nicht durch das gleiche Internet die Plagiate der »Generation Doktortitel« überhaupt erst aufgedeckt worden?

Facebook und andere „Social Communities" bieten wunderbare Möglichkeiten, man kann aber auch ohne sie gut

1 Klaus Raab: Wir sind online – wo seid ihr? Von wegen dumm gesurft! Die unterschätzte Generation. Blanvalet 2012. S. 23

leben und kommunizieren. Umgekehrt muss man sich wundern, mit welcher Offenheit und Naivität Menschen in sozialen Netzwerken private und selbst intime Informationen preisgeben, nicht ahnend, dass jeder im Netz diese Informationen speichern, verarbeiten, unkontrolliert weiterverbreiten und gegen den ursprünglichen Autor verwenden kann. Hier liegt sicher eine Gefahr, die vielen Jugendlichen zu wenig bewusst ist.
Wie bei allen kontroversen Themen werden die Vorteile und Chancen von den Befürwortern aufgewertet und auch überbewertet, während die Gegner abwerten, also die Nachteile und Gefahren bzw. Risiken kräftig überzeichnen. Wie so oft, dürfte die Wahrheit auch bei diesem Thema in der Mitte liegen. Vor allem, wenn man bedenkt, dass auch das Internet das Schicksal vieler Wissenschaften und Techniken teilt: Sie können sinnvoll gebraucht, aber auch missbraucht werden.[1]
Methodisch kann es durchaus sinnvoll sein, die Einseitigkeit dieser Positionen zunächst zu nutzen, um Schülerinnen und Schüler zum Widerspruch zu provozieren, also zum Nachdenken, zum Diskutieren oder Debattieren, aber auch zum Schreiben zu bewegen. Schwarz-Weiß-Malerei also als Ausgangspunkt und als Mittel der Motivation.
Ziel einer solchen Vorgehensweise ist aber das differenzierte Urteil, das es den Schülerinnen und Schülern ermöglicht, einen eigenen Standpunkt zu beziehen, zu begründen und engagiert vorzutragen. Das Thema fordert einem unbefangenen intensiven Gedanken- und Meinungsaustausch. Fehl am Platz sind der pädagogische Zeigefinger oder gar Abwertungen.
Der Weg zu diesem Ziel geht nur über die kritische Überprüfung der kontroversen Standpunkte und des eigenen Nutzerverhaltens: Schüler müssen recherchieren, um sich ein eigenes Bild zu machen, sie müssen die Informationen überprüfen und belegen, vor allem müssen sie lernen, ihre Informationen in einen argumentativen Zusammenhang zu stellen, der auf Überzeugung des Andersdenkenden angelegt wird.
Schülerinnen und Schüler genau dazu zu befähigen, ist eine zentrale Aufgabe des Deutschunterrichts. Bei dem Thema »Generation Online« geht es also nicht nur um eine Meinungsbildung zu einem strittigen Thema, das in der Gesellschaft und besonders in der Schule kontrovers diskutiert wird. Es geht vielmehr darum, an einem Thema, das auch für Schüler auf der Tagesordnung steht, also in hohem Maße relevant ist, das kritische Denken und das überzeugende Argumentieren zu lernen und einzuüben.
Bei aller Euphorie und Selbstverständlichkeit in der Nutzung ist es für Jugendliche auch wichtig, Gefahren, Abhängigkeiten und Einschränkungen durch neue Medien wahrzunehmen und darauf zu reagieren. Medienkompetenzen besteht nicht nur aus dem Trainieren von Techniken, oberstes Ziel ist ein selbstbestimmter und verantwortungsvoller Umgang mit den Möglichkeiten der neuen Medien. Hier ist die ganze Schule gefordert, Mediennutzung zu reflektieren und Medienkompetenzen zu vermitteln.
Mit Lehrern und Schülern begegnen sich auch unterschiedliche Generationen. Vielleicht finden sich die Positionen und Einstellungen wieder, die Douglas Adams so pointiert unterschieden hat. Unterschiedliche Erfahrungen, Menschen, in verschiedenen Zeiten aufgewachsen, unterschiedlich medial und auch in ihrem Kommunikationsverhalten und in ihrer Mediennutzung sozialisiert, verfügen über andere Erfahrungen und Einstellungen.
Lernen, an Erfahrung gewinnen, können auch wir Lehrer; vielleicht erfahren wir vieles von unseren Jugendlichen, das wir bisher noch nicht kannten, vielleicht lernen auch wir dazu, neue Medien intensiver zu nutzen, auszuprobieren, wo sie persönlich oder auch im Unterricht, in der Kommunikation mit den Jugendlichen eine Bereicherung darstellen können. Auf jeden Fall lernen wir ein wichtiges Stück Lebensrealität unserer Schülerinnen und Schüler näher kennen.

Wir wünschen Ihnen und Ihren Schülerinnen und Schülern eine lebhafte Auseinandersetzung!

Stephan Gora Günter Krapp

1 Hannah Pilarczyk: Sie nennen es Leben. Werden wir von der digitalen Generation abgehängt? Heyne 2011. S. 16

Das Internet - ein digitales Medium

Das Internet in seiner derzeitigen Form ist kaum zwei Dekaden alt. Es ändert seine Gestalt, sein Wesen und seine Inhalte konstant. Das Potential dieses noch jungen Mediums, das "Abendland untergehen" zu lassen, sorgt nahezu reflexartig für Diskussionen. So unterscheiden Nutzungsverhalten sich mitunter drastisch – gemeinsame Ebenen, die Grundlage für kontrovers geführte Debatten sein können, existieren oft nicht. Häufig treten Befindlichkeiten, Verallgemeinerungen und Pauschalisierungen in den Vordergrund. Wahrscheinlich ist das völlig normal, als andere Medien die Bühne betraten, war es ähnlich. Wäre dem nicht so, müsste man dem Internet bescheinigen, das erste Medium zu sein, das ausschließlich positive oder negative Effekte mit sich bringt. Der Buchdruck legte neben der Verschriftlichung und preiswerten Vervielfältigung von Wissen auch die Grundlage für leidlich seichte und bedenkliche Inhalte. Dass neben Fachliteratur und anspruchsvoller Belletristik auch Groschenromane, Pornografie etc. existieren, ist nicht überraschend und wird kaum zu einer Infragestellung des Mediums Buch führen. Identisches lässt sich auch für alle anderen Medien feststellen. Während tradierte Medien jedoch völlig selbstverständlich inhaltsabhängig und damit differenziert bewertet werden, ist dies beim Internet noch zu selten der Fall, obwohl es als digitaler Übertragungskanal schlicht Trägermaterial für beliebige Inhalte sein kann.

Online sind wir alle Sender

War die Verbreitung des Privatfernsehens Anfang der 90er Jahre des letzten Jahrhunderts ein häufig kontrovers diskutiertes Thema - gerne auch in Verbindung mit Playstation und Co. - rückte mit Zunahme schneller Internetverbindungen das Schlagwort "Online-Sucht" in den Vordergrund, beschleunigt auch durch die blitzartige Verbreitung von Smartphones. Schnelle Internetverbindungen finden seit einem guten Jahrzehnt Verbreitung, DSL wurde 2001 offiziell eingeführt. Die Entwicklung schneller Funktechnologien setzt hinsichtlich Verfügbarkeit und Geschwindigkeit gerade zum Überholvorgang der kabelgebundenen Übertragungswege an. Die örtliche Bindung zur Nutzung des Internets, z.B. in Form eines klassischen PCs, nimmt damit konstant ab, was Konsequenzen für Verfügbarkeit und Nutzerverhalten hat. Online kann man heute nahezu überall sein, man benötigt dazu keinen klassischen kabelgebundenen Telefonanschluss mehr. Wie jung durch dieses Medium entstandene Nutzungsverhalten noch sind, ist schlussendlich an der Jahreszahl der Einführung des iPhones ablesbar: Im Jahr 2007 begann mit Apples Bestseller der Siegeszug der Smartphones, heute sind klassische Handys bereits Nischenprodukte. Die Nutzlasten des Internets sind jung, stecken in Kinderschuhen und haben kaum mehr als erste Schritte getan.

Das Internet ist ein generischer Übertragungskanal für digitale Daten. Es kann Medien wie Print, Radio und Fernsehen in sich aufnehmen, da auch diese in digitaler Form repräsentierbar sind. Diese Medien funktionieren nach dem Prinzip Broadcast – ein Sender, viele Empfänger, dazu kaum Möglichkeiten des unmittelbaren Feedback. Redaktionen erarbeiten Inhalte und stellen sie Nutzern über einen Distributionskanal bereit: Print, Funk, Fernsehen. Auch wenn ein gewisses Feedback in diesen Medien durchaus möglich ist, wird dieses den eigentlichen Inhalten immer nachgeschaltet oder untergeordnet. Fast alle Online-Angebote waren in der Anfangsphase ebenfalls nach diesem Prinzip ausgerichtet: Zwar bot das Internet rudimentäre Möglichkeiten für Nutzer, Rückmeldung zu geben – etwa in Form von Gästebucheinträgen, Mails an Webseitenbetreiber oder Kommentaren zu Artikeln, dieses Feedback war jedoch den Inhalten meist nachgeschaltet. Die Erkenntnis, dass jeder zum Sender werden kann, wurde mit dem mäßig sinnvollen Schlagwort Web 2.0 versehen: Inhalte von Webangeboten werden nicht von einem einzigen Anbieter oder einer Redaktion bereitgestellt, vielmehr werden die Benutzer selbst zu Anbietern und die Interaktion untereinander zum eigentlichen Zweck des Angebots: Facebook, Twitter und Co.

Ein erstes Loslösen von klassischen Broadcast-Strukturen erfolgte durch private Homepages. Privatpersonen boten Inhalte zu verschiedensten Interessensgebieten online an, anfangs noch unter hohem persönlichen Aufwand. Die Technik war größtenteils "handverdrahtet", Kosten entstanden ebenfalls. Diese Inhalte, sieht man von staatlicher Zensur einmal ab, waren prinzipiell für alle Internetnutzer zugänglich. Fortsetzung erfuhr diese Entwicklung durch die Verbreitung der Weblogs oder kurz "Blogs": Kostenfrei und einfach zu bedienende Blog-Software vereinfachte die Veröffentlichung von Inhalten. Diese "Online-Tagebücher" senkten die Hürde zur eigenen Publikation weiter. Auch die Nutzer dieser Angebote erkannten das Potential der Blogs – unmittelbarerer Kontakt zu Autoren, Wegfall redaktioneller Filter, Austausch über beliebige Themen. Die "Blogosphäre", also die Summe aller Blogs, ist ein kunterbunter Mikrokosmos im steten Wandel. Oder konkret formuliert: Besucher von Blogs müssen Adressen anderer Blogs finden, kennen und bewusst aufrufen, um auf Inhalte zugreifen zu können. Weblogs sind demnach dezentral organisiert und stehen jeweils abgegrenzt für sich selbst. Interaktion zwischen Blogs entsteht vor allem durch entsprechendes Nutzerverhalten – Verfassen von Kommentaren, Verlinkungen, die "Blogroll" – eine Liste von in den Augen eines Bloginhabers anderer interessanter Blogs. Die Publikation von Antwortbeiträgen als Reaktion auf Beiträge eines anderen Blogs haben eine mitunter sehr lebhafte Diskussionskultur entstehen lassen.

Wenn online jeder zum Sender werden kann, liegt es nahe, nach Interessenslagen zu gruppieren – Nutzer treten in Kontakt mit Gleichgesinnten und kommunizieren untereinander, soziale Interaktionen entstehen: "Social Media" ist ein weiteres Schlagwort für Internet-Anwendungen, die auf die soziale Interaktion zwischen Nutzern ausgelegt sind und Inhalte lediglich in Form von Nutzerbeiträgen anbietet. Die Bildung von Gemeinschaften zu speziellen Inhalten ("Online-Communities") gab es auch schon vor Facebook und Co. Neu hingegen ist jedoch die Generalisierung: Die Art der Inhalte ist nicht vorgegeben, sie kann je nach Benutzerwunsch völlig unterschiedlich ausfallen. Interessensgruppen jeglicher Art können ad hoc gebildet werden, jeder kann prinzipiell mit jedem in Kontakt treten. Accounts sind in der Regel kostenfrei und nur wenige Mausklicks entfernt. Einmal eingeloggt, bieten derartige Angebote die Möglichkeit zur unmittelbaren Publikation und Interaktion mit anderen Benutzern. Finanziert sind derartige Angebote in der Regel durch Werbeeinnahmen. Google-Werbung kennt heute fast jeder, auch die individuelle Bewerbung von Produkten im Internetkaufhaus Amazon ist keine Neuigkeit mehr. Wer Facebook oder Google+ nutzt, vernetzt sich durch Interaktion mit anderen Benutzern – durch Benutzung dieser Dienste entsteht über die Zeit hinweg ein konturiertes Profil von Benutzern, befeuert durch Likes und Kommentare sowie Eigenschaften der befreundeten Personen. Wer sehen möchte, wie exakt Werbung auf Facebook auf Nutzer zugeschnitten werden kann, erstelle unter www.facebook.com/ads eine fiktive Werbeanzeige, die ist bis zum Bezahlabschluss kostenfrei möglich. Schnell ist erkannt, dass diese Selbstprofilierung – sinnigerweise Selbstzweck derartiger Angebote – auch zu Problemen führen kann. Vor allem dann, wenn diese Angebote rein zu Zeitvertreib in der Freizeit und ohne Gedanke an mögliche Konsequenzen genutzt werden. Warum dies so ist, liegt in einigen fundamentalen Eigenschaften digitaler Medien begründet.

Analog und digital

Wir leben in einer analogen Welt. Digitale Medien unterscheiden sich in einigen Punkten drastisch von analogen Medien. Dafür muss ein Bewusstsein geschaffen werden. Ein Streit auf einem Schulhof zwischen zwei Jugendlichen kann von unmittelbaren Beobachtern gesehen und gehört werden. Befindet man sich etwas weiter entfernt, kann man diesen Streit möglicherweise weder sehen noch hören. Lichtwellen enden in den Augen der Betrachter, Schallwellen verebben kurze Zeit später ebenfalls. Diese analog übertragene Informationen sind dadurch in ihrer Wahrnehmbarkeit sowie in ihrer zeitlichen und örtlichen Ausdehnung begrenzt. Findet der vorab genannte Streit in einem Webangebot statt, z.B. durch aggressive Kommentare in einem sozialen Netzwerk, kann er theoretisch von allen Internetteilnehmern beobachtet werden – es ist zumindest nicht unmittelbar erkennbar, wer genau Zugriff auf diese Informationen besitzt. Sieht man von Zensur oder technischen Schranken ab, sind alle Inhalte des Internets abrufbar, sobald ein Webbrowser zur Verfügung steht. Inhalte sind damit ziemlich genau einen Mausklick oder eine Tastatureingabe voneinander entfernt. Welches Publikum den vorab genannten Streit beobachtet, ist analog durch kurzes Umschauen offensichtlich, wer online auf abgelegte Inforationen tatsächlich Zugriff hat oder "anwesend" ist, ist hingegen nicht ersichtlich. Das Internet als digitales Medium besitzt die Beschränkung der Ausdehnung oder Reichweite von Signalen bzw. Information im Prinzip nicht. Kopiert man die Seite eines Lehrbuchs auf eine Folie, kann die angefertigte Kopie niemals exakter sein, als das Original. Überspielt man eine Musikkassette auf eine andere und wiederholt diesen Vorgang, nimmt die Klangqualität bei jeder Kopie ab - ein interessantes Experiment, das nach nur wenigen Durchgängen im Anfertigen von Rauschen enden wird. Analoge Medien besitzen einen Generationsverlust, bei der Anfertigung einer Kopie geht Information verloren oder wird nicht exakt übertragen. Kopien analoger Medien stimmen daher niemals exakt mit der kopierten Vorlage überein. Digitale Medien besitzen diese Eigenschaft nicht und genau dieser Sachverhalt birgt eine große Mächtigkeit in sich. Digital gespeicherte Informationen werden beim Anfertigen einer Kopie (bis auf vom Betriebssystem angelegte Zusatzinformationen wie Zeitstempel in Form von Änderungsdatum, etc.) inhaltlich exakt mit dem Original übereinstimmen. Das Abrufen von Webseiten ist technisch betrachtet nichts anderes als das Verteilen von kopierten digitalen Informationen – für alle Besucher in gleichbleibender Qualität, von beliebigen Orten aus und zu beliebigen Zeitpunkten abrufbar. Informationen im Internet überdauern, solange sie in Form einer Datei online verfügbar auf einem Server abgelegt sind. Hierin liegt die Mächtigkeit des Internets, in positiver als auch negativer Hinsicht. Das Internet ist ein Verteilungskanal von digitalen Inhalten. Facebook und Co. verdienen Geld, indem sie Informationen in Geld umwandeln. Die zu verwertenden Rohstoffe dieser Anbieter sind die Informationen, die Anwender über sich selbst preisgeben. Anbieter sind daher weder gewillt, die "Ausdehnung" von Informationen gezielt einzuschränken, noch Kontrollmechanismen für Anwender besonders transparent oder einfach auffindbar zu gestalten. In Zusammenhang mit den vorab genannten Eigenschaften digitaler Medien bringt dies die Notwendigkeit der gezielten Aufklärung mit sich – wir leben in einer analogen Welt und bekommen den aufgeklärten Umgang mit digitalen Informationen nicht in die Wiege gelegt.

Fabian Krapp, Diplom- und Masterstudium in Informatik, arbeitet an der School of Advanced Professional Studies an der Universität Ulm.

»Generation Online«? Der Medienumgang der 12- bis 19-Jährigen in Deutschland

Wer den Medienumgang Jugendlicher analysieren und bewerten möchte, kommt an der alljährlichen JIM-Studie nicht vorbei. Wie keine andere hält sie über die Jahre Entwicklungen fest und räumt mit einigen Vorurteilen gegenüber der sogenannten »Generation Online« auf.
Die Ergebnisse der 15. JIM-Studie weisen auch auf problematische Entwicklungen und Gefährdungen hin, die es zu beobachten gilt.

JIM-STUDIE 2012, Jugend, Information, (Multi-) Media
Basisuntersuchung zum Medienumgang 12- bis 19-Jähriger
Mit freundlicher Genehmigung des Medienpädagogischen Forschungsverbunds Südwest drucken wir hier die Zusammenfassung der Studie ab.
Im Schülerheft finden Sie auf den Seiten 18 -21 und auf den Themenseiten wiederholt Diagramme daraus. Auf der Begleit-CD sind diese farbig abgelegt, so dass diese als Folien für die Projektion farbig gedruckt werden können.

SH 18 - 21

Zusammenfassung

Mit der vorliegenden 15. Ausgabe der JIM-Studie (Jugend, Information, (Multi-) Media) dokumentiert der Medienpädagogische Forschungsverbund Südwest (mpfs) den Medienumgang der 12- bis 19-Jährigen in Deutschland. Im mpfs haben sich die beiden Landesmedienanstalten von Baden-Württemberg und Rheinland-Pfalz, LFK und LMK, zusammengeschlossen, die Studienreihe JIM erfolgt in Zusammenarbeit mit dem Südwestrundfunk.
Haushalte, in denen Jugendliche aufwachsen, weisen bezüglich *Computer, Handy, Fernseher und Internetzugang* eine Vollausstattung aus, einen deutlichen Zuwachs dokumentiert die aktuelle Ausgabe der JIM-Studie für Smartphones (+20 Prozentpunkte, 63 %) und Tablet-PCs (+9 Prozentpunkte, 19 %). Neben digitalen Medien spielen nach wie vor auch analoge Medien eine Rolle, so haben etwa drei Fünftel der Haushalte ein Tageszeitungsabonnement.

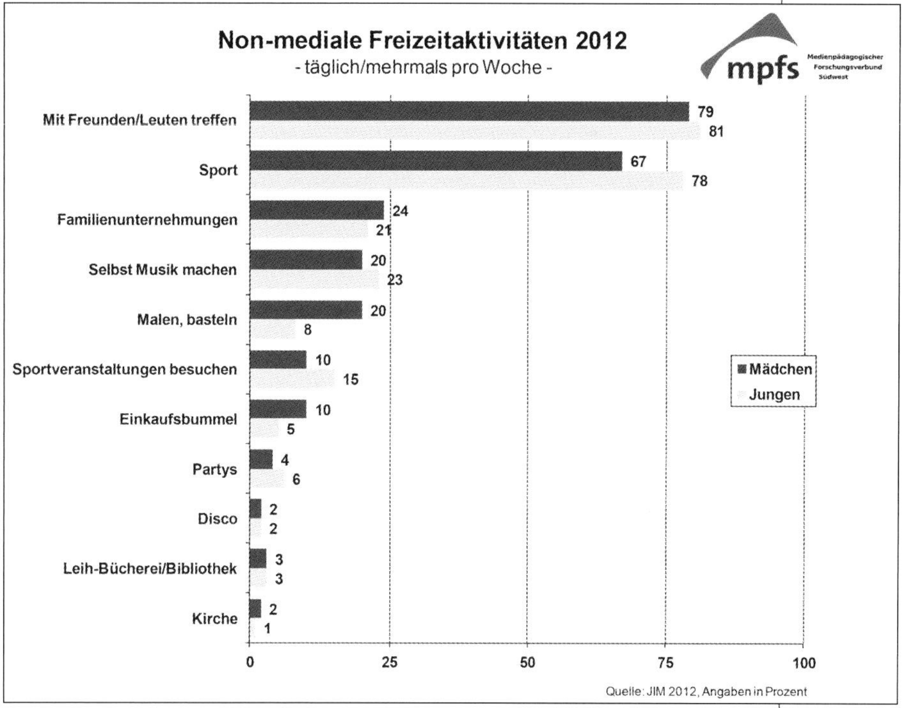

Auch *Jugendliche selbst verfügen über ein breites Repertoire an Medien.* Vier von fünf Jugendlichen haben einen eigenen Computer/Laptop und einen MP3-Player. Dank WLAN im Haushalt können 87 Prozent vom eigenen Zimmer aus ins Internet gehen. Ein eigenes Handy ist seit Jahren Standard, inzwischen besitzt aber fast jeder Zweite ein Smartphone. Einen eigenen Tablet-PC haben bislang aber nur sieben Prozent der 12- bis 19-Jährigen.
Jugendliche treffen sich regelmäßig in der Freizeit mit Freunden (80 %), etwa drei Viertel treiben regelmäßig Sport, jeder Vierte unternimmt mehrmals pro Woche Aktivitäten mit der Familie, ein Fünftel macht selbst Musik. Diese Interessen spiegeln sich auch in einer Vereinszugehörigkeit wieder. Zwei Drittel der Jugendlichen sind in einem Sportverein, 57 Prozent haben eine feste Clique, die sich regelmäßig trifft, etwa jeder Fünfte ist in einer kirchlichen Gruppe oder in einem Musikverein oder Chor organisiert. Jeder Zehnte engagiert sich für soziale Zwecke oder für die Umwelt.
Die *häufigsten Medientätigkeiten der Jugendlichen* sind mit je 91 Prozent regelmäßiger Nutzung Handy, Internet und Fernsehen. Etwa vier Fünftel nutzen zumindest mehrmals pro Woche Radio und MP3-Player.

Zwei Fünftel lesen regelmäßig Bücher und Tageszeitungen, jeder dritte Jugendliche zählt zu den regelmäßigen Computer- und Konsolenspielern (offline).
E-Books spielen derzeit bei Jugendlichen noch keine Rolle, nur zwei Prozent nutzen diese Möglichkeit regelmäßig. Nach der Wichtigkeit der jeweiligen Medien gefragt, hat die höchste *Relevanz das Musik hören* und die *Nutzung des Internets*, dies finden jeweils etwa neun von zehn Jugendlichen (sehr) wichtig. Für *vier Fünftel ist das Handy von besonderer Bedeutung*, je gut die Hälfte sprechen sich für Radio, Fernsehen und Bücher aus. Computerspiele haben für fast zwei Drittel der Jungen hohe Relevanz, bei den Mädchen liegt dieser Anteil nur bei 29 Prozent.
Nach der Glaubwürdigkeit der Medien gefragt, entscheidet sich etwa die Hälfte der Jugendlichen für die Tageszeitung, 22 Prozent schenken dem Fernsehen das meiste Vertrauen und 17 Prozent dem Radio. Elf Prozent würden bei widersprüchlicher Berichterstattung am ehesten den Angaben im Internet trauen.

Musik spielt eine wichtige Rolle im Leben von Jugendlichen, dementsprechend hat auch das Radio einen hohen Stellenwert. 78 Prozent der 12- bis 19-Jährigen hören regelmäßig Radio, dies geschieht auch im digitalen Zeitalter überwiegend über ein stationäres (analoges) Radiogerät. Etwa jeder Fünfte nutzt innerhalb von 14 Tagen das Handy zum Radio hören bzw. hört über den Computer Webradio. Als Informationsquelle für Neuigkeiten aus dem Bereich Musik dient vier Fünfteln der Freundeskreis, an zweiter und dritter Stelle nennen etwa drei Fünftel das Internet und das Radio als Inspiration für neue Musik. Drei Viertel der Jugendlichen sehen sich zumindest gelegentlich Musikvideos an. 45 Prozent nutzen hierzu ausschließlich das Internet, jeder Vierte nutzt sowohl das Fernsehen als auch das Internet und drei Prozent sehen Musikvideos ausschließlich im Fernsehen.

Das Fernsehen ist weiterhin ein wichtiger Begleiter im Alltag von Jugendlichen. 60 Prozent der Jugendlichen haben einen eigenen Fernseher im Zimmer, die tägliche Nutzungsdauer liegt nach eigener Einschätzung bei durchschnittlich 111 Minuten. Das beliebteste Programm ist für mehr als die Hälfte der Jugendlichen ProSieben, an zweiter Stelle folgt mit 15 Prozent RTL. Auch beim Fernsehen dominiert die klassische Nutzung über ein Fernsehgerät, gerade mal 15 Prozent der Jugendlichen sehen innerhalb von 14 Tagen über das Internet fern. 2012 wurde in der JIM-Studie die Wahrnehmung von sogenannten Scripted Reality Formaten untersucht. Nach der Nutzung der zum Zeitpunkt der Befragung quotenstärksten drei Serien gefragt, geben etwa zwei Fünftel der Jugendlichen an, diese Sendungen zumindest gelegentlich zu sehen. Diese Formate finden vor allem bei Jugendlichen mit formal geringerem Bildungshintergrund Zuspruch. Dass die realitätsnahe Inszenierung durchaus Schwierigkeiten bei der Einordnung bereitet, zeigt das Beispiel „Berlin – Tag & Nacht": hier sind 16 Prozent der Urteilenden der Ansicht, die Serie dokumentiere reale Ereignisse.

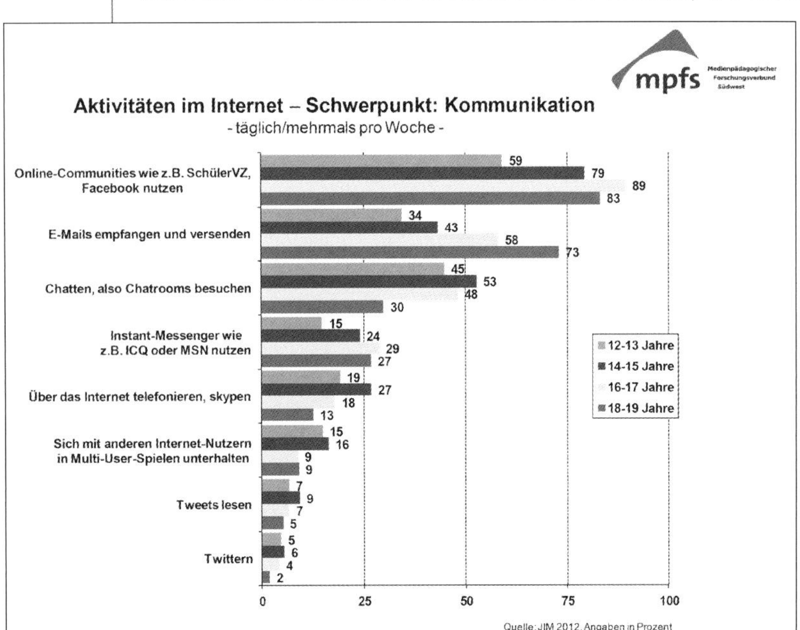

Auch das Internet hat für Jugendliche eine hohe Alltagsrelevanz: *etwa zwei Drittel der 12- bis 19-Jährigen sind täglich online. Im Durchschnitt sind Jugendliche nach eigener Einschätzung pro Tag 131 Minuten im Internet.* Was die Zugangsmöglichkeiten zum Internet betrifft, spielt inzwischen der mobile Zugang eine wichtige Rolle. Aktuell geht jeder zweite Jugendliche in einem Zeitraum von 14 Tagen per Handy bzw. mit einem Smartphone online. *Knapp die Hälfte der Zeit, die Jugendliche im Netz verbringen, nutzen sie zur Kommunikation über Soziale Netzwerke, per Mail oder Chat. Der Anteil für Unterhaltung liegt bei 25 Prozent. Informationssuche macht 15 Prozent und Online-Spiele 16 Prozent der Nutzungszeit aus.*

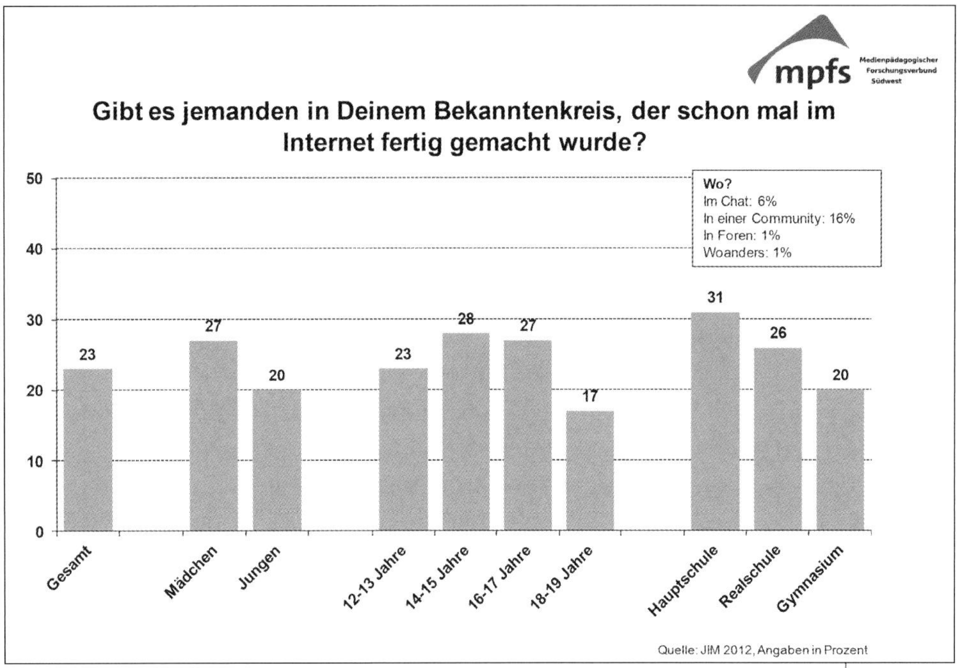

Etwa die Hälfte der Jugendlichen nutzt den Computer oder das Internet regelmäßig, um zu Hause für die Schule zu lernen oder zu arbeiten. In der Schule arbeitet allerdings nur jeder Vierte regelmäßig mit Computer/Internet. *Auch nutzen Jugendliche intensiv sogenannte Web 2.0-Angebote wie Wikipedia, doch es beteiligt sich – abgesehen von den Einträgen in Sozialen Netzwerken – nur etwa ein Fünftel der Jugendlichen mit eigenen Inhalten.*
Was die *Problemfelder des Internets* betrifft, können leider *23 Prozent der Internet-Nutzer bestätigen, dass in ihrem Bekanntenkreis schon mal jemand im Internet fertig gemacht wurde.* Dies geschah vor allem in einer Community, wobei hier Mädchen stärker betroffen sind als Jungen. Fünf Prozent geben an, dass sie selbst schon Ziel einer solchen Attacke waren.
Ein zentraler Aspekt der Internetnutzung von Jugendlichen ist die Nutzung Sozialer Netzwerke, 79 Prozent der 12- bis 19-Jährigen nutzen diese zumindest mehrmals pro Woche.

Aktuell meint die Nutzung Sozialer Netzwerke fast ausschließlich die Nutzung von Facebook, hier sind 81 Prozent der Jugendlichen aktiv. Die erste Anmeldung bei einem solchen Netzwerk erfolgte durchschnittlich mit 12,7 Jahren. Die am häufigsten genutzten Funktionen innerhalb einer Community sind das Verschicken von Nachrichten und das Chatten mit anderen Mitgliedern des Netzwerks. *Erfreulich ist, dass inzwischen 87 Prozent der Nutzer von Communities ihre Profildaten mit der Privacy-Option vor dem öffentlichen Zugriff schützen. Allerdings ist die durchschnittliche Anzahl der Freunde in der Community inzwischen auf 272 angestiegen, so dass die Privatheit hier relativ zu bewerten ist.* So fühlen sich Jugendliche, bezogen auf ihre persönlichen Daten, bei ihrer Community nur zu einem Zehntel sehr sicher, knapp die Hälfte zeigt hier weniger Vertrauen und fühlt sich weniger oder gar nicht sicher.
Betrachtet man den gesamten Bereich der Computer-, Konsolen- und Onlinespiele, so zählen sich 42 Prozent zu den regelmäßigen Spielern. Allerdings sind digitale Spiele eindeutig ein Thema für Jungen und junge Männer, hier zählen 63 Prozent zu den regelmäßigen Spielern, bei den Mädchen sind es nur 20 Prozent. Die durchschnittliche Spieldauer beträgt bei den 12- bis 19-Jährigen 56 Minuten an Wochentagen und 77 Minuten am Wochenende.
Jungen verzeichnen dabei deutlich höhere Zeiten als Mädchen. Die *beliebtesten Spiele* sind das Fußballspiel „FIFA", das Simulationsspiel „Die Sims" und der Ego-Shooter „Call of Duty". *Die Nutzung von (nach eigener Einschätzung) brutalen bzw. gewalthaltigen Spielen ist nach Angaben der Jugendlichen relativ verbreitet. 64 Prozent der Gamer geben an, dass in ihrem Freundeskreis solche Spiele gespielt werden und 34 Prozent bestätigen dies für die eigene Person.*

Das Handy als Alltagsbegleiter der Jugendlichen eröffnet nun auch eine relevante Option, das Internet zu nutzen. Durch die zunehmende Verbreitung von Smartphones (47 %) und Internetflatrates (34 %) hat diese Möglichkeit an Attraktivität gewonnen. Inzwischen nutzen zwei Fünftel das Handy regelmäßig, um ins Internet zu gehen. Der Zugang zu Sozialen Netzwerken zählt zu den wichtigsten Apps, die Jugendliche auf ihrem Smartphone haben, weiter haben noch Instant Messenger und Computerspiele-Apps eine hohe Relevanz.
Durchschnittlich haben die App-Nutzer 23 solcher Programme auf ihrem Handy installiert. Das Thema Medienkompetenz ist inzwischen auch in der Schule angekommen, *immerhin 62 Prozent der Jugendlichen haben*

bereits Themen wie Handy, Internet, Online-Communities und Datenschutz in der Schule behandelt. Mehr als die Hälfte hat dabei nach eigener Einschätzung ein besseres Verständnis für diese Themen und 42 Prozent haben dabei auch etwas Neues erfahren. 28 Prozent haben sogar aufgrund der Beschäftigung mit Medien im Unterricht ihr Verhalten geändert. Dass Jugendliche mit der Bedienung von Computer und Internet im Allgemeinen ganz gut zurechtkommen, im Detail jedoch durchaus Lücken haben, zeigt zum Beispiel, dass 45 Prozent noch nie Cookies gelöscht haben.

Nur etwa drei Fünftel haben schon einmal im Internet verschiedene Quellen genutzt, um den Wahrheitsgehalt einer Information zu prüfen.

Die Ergebnisse der JIM-Studie 2012 zeigen, dass die Medienwelt der Jugendlichen – trotz großer Kontinuität zum Beispiel bei der Nutzung von Fernsehen, Radio und Büchern – auch sehr dynamisch ist. *Die aktuell stark ansteigende Nutzung von mobilem Internet macht deutlich, dass auch hier Rahmenbedingungen geschaffen werden* müssen, die dem Jugendschutz und den Bedürfnissen von Jugendlichen gerecht werden. Während bei Computern technische Vorkehrungen, Jugendschutzprogramme und Filter zumindest einen gewissen Schutz vor ungeeigneten Inhalten gewährleisten, gilt es entsprechende Möglichkeiten für Smartphones und die mobile Internetnutzung noch zu entwickeln. *Darüber hinaus bieten Smartphones mit (bislang nicht altersgeprüften) Onlinespielen, neuen Geschäftsmodellen (In-App-Käufe), Ortungsfunktionen, etc. neue Risiken, die Jugendlichen bewusst gemacht werden müssen.* Hier gilt es am Ball zu bleiben, regelmäßig Daten zu erheben und die dynamische Entwicklung dieses Marktes aufmerksam zu beobachten – auch um gegebenenfalls medienpädagogische Konzepte anzupassen.

JIM-Studie 2012, S. 62 - 65. Herausgeber: Medienpädagogischer Forschungsverbund Südwest

Quelle: http://www.mpfs.de/index.php?id=527

http://www.mpfs.de

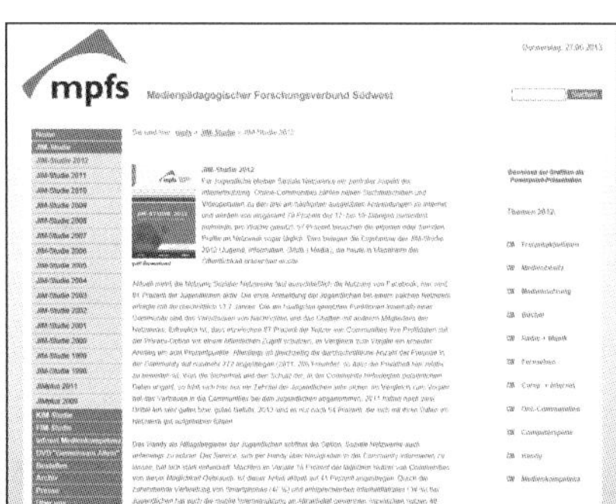

Auf der Indexseite können die gesamte Studie und Diagramme zu den einzelnen Themen heruntergeladen werden.

Tipp:

Laden Sie die Grafiken als Powerpoint-Präsentation herunter. Damit haben Sie alle Diagramme und können diese farbig ausdrucken und gezielt einzelnen Gruppen zur Verfügung stellen.

SH 32 - 38

Jugendliche in Sozialen Netzwerken - Faszination Facebook

Die JIM-Studie 2012 zeigt, dass die Nutzung Sozialer Netzwerke überwiegend über Facebook erfolgt, hier sind 81 Prozent der Jugendlichen aktiv.

Was fasziniert besonders Jugendliche an Sozialen Netzwerken?

Entwicklungsförderndes Medium

Lange Jahre war die Furcht vor dem „gläsernen Menschen" groß, doch davon scheinbar unbeeindruckt wächst die Freude der Jugendlichen, sich im Internet ausführlich und ganz selbstverständlich darzustellen. Was übt einen solchen Reiz auf die Jugendlichen aus, dass sie auch vor der Preisgabe persönlichster Angaben (und den Folgen) nicht zurückschrecken?

Soziale Netzwerke kommen zuerst einmal den Interessen von Jugendlichen entgegen und unterstützen beim Bewältigen von Entwicklungsaufgaben:

- Jugendliche brennen darauf, sich selbst darstellen zu können. Interessen und soziales Umfeld repräsentieren schließlich die Persönlichkeit und das wiederum verschafft Anerkennung durch andere.
- Soziale Netzwerke nur für Jugendliche sind von ihrer Grundidee erwachsenenfreie Räume, in denen sich die Jugendlichen ausprobieren können- ohne bspw. elterliche Bewertung oder Sanktionen befürchten zu müssen.
- Es ist sehr einfach, andere mit gleichen Interessen zu treffen und sich darüber auszutauschen. Der Jugendliche ist also nicht mehr von den lokalen Gegebenheiten in seinem Wohnort oder von seinem direkten Umfeld abhängig.
- Ein Social Network ist wie ein virtuelles Adressbuch, hat aber darüber hinaus den Vorteil, dass es sich ständig von selbst aktualisiert.
- Fast alle Social Networks bieten vielfältige Kommunikationsmöglichkeiten, z.B. per E-Mail, Gruppen, Blogs oder Foren. Jugendliche stärken damit ihre Identität und erhalten im Gegenzug die Selbstbestätigung durch Gleichaltrige.
- Das Social Network ist multi-funktionell und spricht durch die verschiedenen Nutzungsmöglichkeiten nahezu jede Stimmungslage an. Bei „Null Bock"–Laune kann man einfach durch Profile klicken und in Blogs oder Gruppen lesen, Applikationen nutzen. Bei Tatendrang kann man kommunizieren und sich verabreden.
- Letztlich gibt es in Social Networks wie im realen Leben auch einen „Gruppenzwang", dem sich Jugendliche gerne beugen, um sich in ihrer sozialen Bezugsgruppe zu messen. Sind fast alle Freunde in einem Social Network angemeldet, so muss der Jugendliche dieses natürlich ebenfalls ausprobieren, um mitreden zu können. Ansonsten liefe er Gefahr, nicht mehr „up to date" zu sein über die Aktivitäten des Freundeskreises.
- „Mit vielen bekannt sein" ist zu einer Art neuem Wert avanciert. Die Anzahl der „Freunde" – mögen sie auch nur einmalige Bekanntschaften gewesen sein, zeigt, wie beliebt ein Nutzer ist.

Die Internetangebote werden also einerseits im Hinblick auf Prozesse des Identitätsmanagements genutzt - in kürzester Zeit und ohne großen Aufwand kann ein junger Mensch Identitätsmodelle ausprobieren und bekommt sogleich Rückmeldung von der Internetgemeinschaft: Fotos, auf denen das neue Ausgeh-Outfit präsentiert wird, werden anhand der Kommentar-Funktion bewertet. Den meisten Jugendlichen ist es dabei wichtig, möglichst authentisch zu sein und gleichzeitig möglichst „cool" , sexy, seriös oder lustig „rüberzukommen".
Andererseits dienen Social Networks dem Beziehungsmanagement. Das Freundesnetzwerk anhand einer Freundesliste abzubilden, die Positionierung im Gefüge einer Clique oder der Schulklasse und den Kontakt zu Gleichaltrigen zu halten, all das ist in Sozialen Netzwerken möglich.

Quelle:http://www.klicksafe.de/themen/kommunizieren/soziale-netzwerke/was-fasziniert-besonders-jugendliche-an-sozialen-netzwerken/

Überlassung des Textes mit freundlicher Genehmigung von klicksafe.de

Soziale Netzwerke und Selbstdarstellung im Netz

Privates für die Öffentlichkeit – Die Lust an der Selbstdarstellung

Es gibt vielfältige Möglichkeiten des Selbstschutzes im Internet: es gibt gesetzliche Grundlagen, die den Datenschutz regeln, es gibt Einstellungsmöglichkeiten zum Schutz der Privatsphäre und Meldefunktionen, die die Sozialen Netzwerke heute bieten.
Das alles nützt jedoch wenig, wenn Menschen freiwillig ihre persönlichen Daten herausgeben und alle Bemühungen von Verbraucher- und Datenschützern sowie anderer Institutionen überflüssig werden lassen. Im Folgenden soll daher nun erörtert werden, warum Menschen sich zeigen wollen, wie aus Askese im Datenbereich in vergleichsweise wenigen Jahren eine Ekstase werden konnte.

Privatheit vs. Öffentlichkeit

Es ist anscheinend ein Phänomen der Neuen Medien, und noch genauer des Mitmach-Webs – des Web 2.0 –, dass Privates heute öffentlich verhandelbar und vorzeigbar geworden ist. Vertrauliche, intime, persönliche Beziehungen werden aus den behüteten Räumen der Diskretion in der Netzwelt präsentiert. Man kann hier – wie es Konert und Herrmanns bereits 2002 in ihrem Aufsatz „Der private Mensch in der Netzwelt" tun – von einer „veröffentlichten Privatheit" sprechen. Der Mediensoziologe Jan-Hinrik Schmidt spricht im Jahr 2009 von „persönlichen Öffentlichkeiten" und meint das Gleiche. Wenn man genau hinsieht, muss man feststellen, dass die Lust an der Selbstdarstellung nicht neu ist, alleine die technischen Möglichkeiten haben sich verändert.

Woher kommt sie, die Lust an der medial vermittelten Selbstdarstellung?

Vielleicht ist eine kurze Zeitreise in die Anfänge des Daily Talk und des Reality-TV hilfreich. Intimisierung als Programmstrategie der 90er Jahre entsprachen dem Interesse und der Nachfrage der Konsumenten nach privaten Geschichten und Skandalen im Fernsehen. An der Programmstrategie scheint sich auch heute nicht viel geändert zu haben – allemal eine Verschärfung durch Formate wie Dschungelcamp, Eltern auf Probe oder die Super Nanny könnte man feststellen. Als vorläufiger Höhepunkt der ersten Dekade des Realitätsfernsehens kann die Ausstrahlung der ersten Staffel von Big Brother im Jahr 2000 gesehen werden. Aus der kritischeren Ecke der Medienberichterstattung war von Bloßstellungsfernsehen die Rede, gleichzeitig avancierten publikumswirksame Selbstdarstellertypen wie Zlatko zumindest zu temporären Helden. Aber zu welchem Preis? Diese Frage kann man sich auch heute immer wieder stellen, wenn man fassungslos dabei zusieht, wie sich junge, motivierte Menschen in Casting-Shows (z.B.: DSDS, Popstars...) vor einer großen Öffentlichkeit vorführen und erniedrigen lassen. Doch gerade diese Formate erfreuen sich einer großen Beliebtheit. Über das Belohnungssystem „Öffentlichkeit" oder genauer, die gesellschaftliche Währung „Aufmerksamkeit", kommen wir wahrscheinlich der Frage näher, was daran fasziniert, zugunsten von Öffentlichkeit Privatheit aufzugeben. Im Sinne des sozialen Lernens kann man beobachten, dass bestimmte Aktionen und bestimmte Personeneigenschaften mit besonders großer Wahrscheinlichkeit durch mediale Aufmerksamkeit honoriert werden. Ferner spielt die schlichte Präsenz und die Tatsache, dass die medial präsentierte Person gleichzeitig von vielen anderen gesehen werden kann, eine nicht zu unterschätzende Rolle.

SH
30 - 31

Junges Web – Wie Jugendliche das Web 2.0 nutzen

Gerade Jugendliche nutzen die Angebote des Mitmachwebs, denn die Möglichkeiten des heutigen Internets unterstützen sie besonders in ihren Entwicklungsaufgaben, wie beispielsweise der Abgrenzung von den Eltern durch den Aufenthalt in einem eigenen, erwachsenenfreien „Raum" – vielleicht vergleichbar mit einem virtuellen Jugendzentrum. In der von der Landesanstalt für Medien Nordrhein-Westfalen (LfM) in Auftrag gegebenen und vom Hans-Bredow-Institut durchgeführten Studie „Heranwachsen mit dem Social Web" wurde die Rolle von Web 2.0-Angeboten im Alltag von Jugendlichen untersucht.

In einer auch im Jahr 2009 erschienenen Studie der BLM, durchgeführt vom JFF mit dem Titel „Das Internet als Rezeptions- und Präsentationsplattform für Jugendliche" wurde ebenso untersucht, warum das Web 2.0 als Rahmen für die Selbstdarstellung und Vernetzung der jungen Nutzer so gut funktioniert.

Studie der LfM: *www.lfm-nrw.de*

Studie der BLM: *www.jff.de*

Hier einige zentrale Ergebnisse der beiden Studien:

- Jugendkulturelle Themen wie Musik sind wichtige Inhalte, über die sich die Heranwachsenden darstellen und über die sie mit anderen ins Gespräch kommen. Sie verorten sich in spezifischen Szenen, bekennen sich als Fans oder stellen ihre eigenen Talente etwa als Musikschaffende ins Zentrum.
- „Mit vielen bekannt sein" ist zu einer Art neuem Wert avanciert. Die Jugendlichen stellen sich im Kreis ihrer Freunde und Freundinnen dar, sie wenden sich an ihre Peergroup und sind auf der Suche nach neuen Kontakten.
- Es liegt den meisten Jugendlichen daran, möglichst authentisch zu sein.
- In ihren Artikulationen setzen die Heranwachsenden persönliche Akzente, z.B. indem sie über den Musikplayer auf myspace.com den eigenen Musikgeschmack demonstrieren. Mit Fotos oder Videos machen sie deutlich, wofür sie sich interessieren und was ihnen wichtig ist. Das Artikulationsspektrum ist deutlich geprägt durch die Verwendung von Bildern, Tönen und Symbolen.
- Die Weiterverarbeitung von massenmedialen und anderen fremdproduzierten Inhalten zu eigenen „Werken", zu sogenannten Mash-Ups oder Collagen, ist eine sehr prominente Variante, um sich selbst, eigene Sichtweisen oder Positionen öffentlich zu machen. Massenmediale Angebote wie Fernsehsendungen, Videos, Musiktitel oder Versatzstücke daraus fungieren dabei als Mittel der Selbststilisierung.

Um es auf den Punkt zu bringen: Web 2.0-Angebote dienen Jugendlichen als Mittel zur:

- Selbstauseinandersetzung – „Wer bin ich?"
- Sozialauseinandersetzung – „Welche Position nehme ich in der Gesellschaft ein?"
- Sachauseinandersetzung – „Wie orientiere ich mich in der Welt?"

Die Jugendlichen stehen mit ihrem Handeln im Mitmach-Internet allerdings auch in neuen Spannungsfeldern, und hier schließt sich der Kreis zur Thematik Datenschutz und Persönlichkeitsrechte:

- Ihrem Wunsch nach sozialer Einbettung können sie im Internet nur nachkommen, wenn sie auch Informationen von sich preisgeben. Damit laufen sie Gefahr, identifizierbar zu werden und setzen sich diversen Risiken aus. Genau darum jedoch geht es im Social Web: wiedererkennbar zu sein.
- Wie viel sie von sich preisgeben, haben sie nicht allein in der Hand: Auch andere stricken mit ihren Beiträgen, z.B. Kommentaren, Referenzseiten etc. an den individuellen Selbstdarstellungen mit und verbreiten sie weiter.

- In ihrer individuellen Artikulation stoßen die Jugendlichen an Vorgaben und Grenzen, die einerseits von den Plattformen gesetzt werden, andererseits von rechtlichen Gegebenheiten: Für ihren persönlichen Ausdruck über Bilder, Fotos, Musik etc. finden die Jugendlichen ein großes und verlockendes Materialangebot vor, das sie als Patchwork neu zusammensetzen, verändern und weiterverbreiten. Die Regeln, wie sie sich aus diesem Angebot bedienen dürfen, sind ihnen teils nicht transparent, teils ignorieren sie diese bewusst, weil „es ja alle so machen". Folgen: Urheber- und Persönlichkeitsrechtsverstöße!

Quelle: http://www.klicksafe.de/themen/datenschutz/grundlagenwissen/soziale-netzwerke-und-selbstdarstellung-im-netz/

Überlassung des Textes mit freundlicher Genehmigung von klicksafe.de

SH 30 - 31, 38

Social Media - YouTube, ein virtueller Marktplatz

YouTube ist ein Internet-Videoportal der Google Inc. Die Benutzer können auf diesem ihre Video-Clips hochladen, die veröffentlichten ansehen, bewerten und über Blogs eine Rückmeldung geben. Kein Wunder, dass immer mehr Jugendliche weltweit die Plattform nutzen.
Zunehmend wird das Portal auch von Fernsehsendern und Firmen entdeckt.
Auch Julian Cohn, ein junger Filmemacher, nutzt die Möglichkeiten von YouTube; die YouTube-Version seines Filmes „Cyber Mobbing", produziert im Auftrag des Landesmedienzentrums Baden-Württemberg, steht unter http://www.youtube.com/watch?v=gihJX4v10vc ausschließlich für den privaten Gebrauch bereit.
(Der Film inkl. Unterrichtsmaterial kann beim Landesmedienzentrum Baden-Württemberg ausgeliehen werden.)

YouTube ist ein schier unüberschaubarer Teil des Sozialen Netzwerks, sein Angebot an Filmen und Videos wächst so rasant, dass aktuelle Zahlen überholt sind, bevor sie veröffentlicht werden . So wurden im Mai 2013 mehr als 72 Stunden Videomaterial pro Minute hochgeladen! 10 % des Datenverkehrs im Internet entfallen auf die Nutzung von YouTube.
Ins Gerede kommt YouTube immer wieder wegen Urheberrechts-Verletzungen.
Die Schattenseite des offenen Netzes: Im Jahr 2012 fielen Facebook, Youtube und Twitter wegen 5500 rechtsextremer Beiträge/ Inhalte auf. Es besteht auch das Risiko, dass Kinder und Jugendliche mit beeinträchtigenden und gefährdenden Inhalten konfrontiert werden, wie jugendschutz.net in seinem Jahresbericht 2012 feststellte.
Quelle: http://www.jugendschutz.net/materialien/bericht2012.html (Aufruf: 06.06.2013)

Daniel Seitz, Medienpädagoge, hat für #PB21 | Web 2.0 in der politischen Bildung, ein gemeinsames Projekt der Bundeszentrale für politische Bildung und des DGB Bildungswerks, einen Beitrag verfasst, der YouTube als Teil der Lebenswelt Jugendlicher darstellt und auch Möglichkeiten vorstellt, es für die (politische) Bildung zu nutzen:

YouTube als Netzwerk – ein geführter Rundgang durch die Lebenswelt von Jugendlichen
Das Internet ohne YouTube? Für viele Menschen ist das kaum noch vorstellbar. Die Plattform, erst 2005 gegründet, ist häufig Anlaufstelle Nummer 1, wenn es um Informationen oder Unterhaltung geht. Aber YouTube ist viel mehr. Für Jugendliche hat sich hier ein wichtiger Raum entwickelt – als soziales Netzwerk, als Bühne, als Kommunikationsraum, als Marktplatz – kurz: ein Stück Lebenswelt, der auch Bildungsraum ist.
Für pb21.de hat sich der Medienpädagoge Daniel Seitz auf einen Rundgang durch YouTube begeben. Seine zentrale Erkenntnis: Jugendliche nutzen die Plattform ganz anders als Erwachsene.

In den letzten Wochen habe ich gelernt, dass Banken Zuhälter seien (stoersender.tv), was Jugendliche von Waffen aus 3D-Druckern halten (LeFloid) und bekam einen eindrucksvollen Einblick in das Leben eines Heroin-Abhängigen (Shore, Stein, Papier). Quelle? YouTube.

YouTube ist ein soziales Netzwerk

Wenn Jugendliche auf YouTube gehen, loggen sie sich ein, checken, welche Abrufzahlen hinter ihren letzten Videos stehen oder, wenn sie nicht selbst produzieren, zumindest, was sich in den abonnierten Kanälen getan hat und wer auf ihre Comments reagiert hat. Dann wird fleißig geliked oder disliked (im Gegensatz zu Facebook ist das hier möglich), Kommentare unter den neuesten Videos der Lieblings-YouTuber abgegeben und eigene Playlists zusammengestellt.
Wenn Erwachsene auf YouTube gehen, kommen sie meistens von Facebook oder Twitter, in dem sie einem Link eines "Freundes" folgen. Das verlinkte Video wird angeschaut, danach wird das YouTube-Fenster wieder geschlossen und auf Facebook bzw. Twitter weitergesurft. Die sozialen Funktionen von YouTube werden nicht wahrgenommen, ebenso wenig die Möglichkeiten, aktiv Inhalte einzustellen oder zumindest die Inhalte anderer durch Playlists etc. zu kuratieren.
(Diese Gegenüberstellung stimmt in dieser Eindeutigkeit natürlich nicht, dennoch kann ich diese Tendenz sehr häufig beobachten.)

YouTube ist eine große Bühne

Wer sind eigentlich diese YouTuber? Ähnlich wie die "Netz-Gemeinde" gibt es diese natürlich nicht, zumindest nicht, wenn man von einer festen Gruppe sprechen mag. Um aber das Phänomen persönlicher Angebote auf YouTube zu beschreiben, funktioniert der Begriff YouTuber ganz gut. Es geht um (meist) junge Menschen, die sich über viele Jahre eine große Fan-Gemeinde (Abonnenten auf YouTube) aufgebaut haben. Erst Ende letzten Jahres hat es der erste deutsche YouTube-Channel, YTitty, geschafft, die eine Millionen Abonnenten-Marke zu durchbrechen. Stand heute sind sie bei mehr als 1,5 Millionen, was das Wachstum auf der Videoplattform ganz gut beschreibt. YTitty sind drei Jungs, die seit mittlerweile sieben Jahren einen Comedy-Channel aufbauen. Berühmt sind sie für ihre Song-Parodien bekannter Künstler. Inzwischen gibt es zahlreiche erfolgreiche YouTuber, wenn man sie an Zahlen messen will – und Abonnenten und Anzahl der Video-Views sind die Währung auf YouTube. YouTube lernt man am besten auf YouTube selbst kennen, deswegen gibt es dazu eine Playlist, die die erfolgreichsten und mit die spannendsten Kanäle im Rundgang präsentiert:
In der Liste wird sehr deutlich, wie vielfältig die Themen sind. Es geht erstmal um Unterhaltung, viele Comedy-Kanäle sind sehr erfolgreich. Daneben gibt es die ganze Bandbreite der Alltagsthemen – vom hochpolitischen Newskanal "LeFloid" bis hin zum Schmink-Channel (männlich wie weiblich).

YouTube ist ein Kommunikationsraum

YouTube ist ein höchst selbstreflexives Medium, das zeigt die starke Ausrichtung vieler Channels auf einzelne Personen und deren Themen. Neben den Stars gibt es zehntausende Kanäle, deren Glanz sich nicht aus den hohen Zahlen sondern vielmehr aus den speziellen Themen, den Selbstreflexionen der Jugendlichen und der Bewältigung von Alltagsthemen speist.
Tommy Toalingling, Preisträger des Sonderpreises Online Vernetzt beim Deutschen Multimediapreis MB21, zeigt hier auf ironische Art, wie es nicht geht. In einem anderen Video hat er bereits von seinem Coming-Out berichtet und so tausend anderen Jugendlichen geholfen, diesen nach wie vor schweren Schritt zu gehen. Sein Preisgeld hat er eingesetzt, um Abonnenten, die ihn angeschrieben haben, zu besuchen und sie bei diesem Schritt zu unterstützen.
Dies ist nur eine zahlreicher Geschichten, die aufzeigen, wie echt die Kommunikation auf YouTube und wie eng die Bindungen werden können.

"Haters gonna Hate" ist eine alte Binsenweisheit auf der Plattform. Wer nur selten in die Kommentare schaut, wird abgeschreckt, welcher Kommunikationsstil hier gepflegt wird. Wer regelmäßiger Nutzer ist, weiß darum, überliest die Kommentare oder flagt sie mal eben negativ – so verschwinden diese ganz schnell wieder und müssen erst aktiv wieder angeklickt werden, damit sie gelesen werden können. Das ist Routine für die Nutzer auf YouTube.

YouTube ist überall

Am deutlichsten wird dies, wenn man einen kurzen Blick auf die neuen Kanäle bzw. die Channel Art Guidelines wirft:
Vom großen HD-TV-Bildschirm über Rechner-Bildschirme, Tablets bis hin zum kleinen Smartphone-Bildschirm ist alles berücksichtigt – in einem Design. Es gibt keine Trennung mehr, es geht nicht mehr darum "mobil mitzudenken" – egal woher die User kommen, egal wie groß ihre Screens sind, sie werden passend bedient.
Zu Beginn noch waren die Videolängen auf 11 bzw. 15 Minuten beschränkt, das ist längst Vergangenheit und selbst 4K (die vierfache Auflösung von HDTV) ist seit Jahren möglich. Der YT-eigene Channel YouTube-Movies beherbergt schon "großes Kino".
YouTube sollte also auf allen Plattformen, Screen- und Beamergrößen und jeder Nutzungssituation – von mobil bis zur großen Kinoleinwand – ernst genommen werden. Nichts geringeres ist das Ziel von Google.

YouTube ist ein Marktplatz

Häufig wird YouTube als Piraterie-Plattform angesehen, der ständige Streit zwischen GEMA und Google in Deutschland lässt diese Vermutung zu. Zweifelsohne geschehen viele Urheberrechtsverletzung (nach aktuellem Rechtsstand – wie sinnvoll dieser ist, muss an anderer Stelle diskutiert werden).
Satte 61,5% der aktuell beliebtesten 1000 Videos auf YouTube sind für die deutschen Nutzer gesperrt. Natürlich weiß jeder Jugendliche, wie leicht dies zu umgehen ist, dennoch bleibt ein fader Beigeschmack, wenn ein nicht unerheblicher Teil unserer Kultur durch Lizenz-Streitigkeiten unzugänglich gemacht wird.
Doch viel spannender als die alte Urheberrechtsdiskussion ist die Professionalisierung der Akteure auf der Plattform. Schon seit 2008 bietet YouTube erfolgreichen deutschen Channels ein Partner-Programm an. Das bedeutet, vor, während und neben dem Video wird Werbung eingeblendet:

- als Werbespot, der mindestens fünf Sekunden vor dem Video angeschaut werden muss
- als Adwords-Einblendung im Video
- als Werbe-Anzeigen neben den Videos

Wie viel mit der Werbeerlös-Beteiligung durch Google tatsächlich zu verdienen ist, ist ein sehr gut gehütetes Geheimnis – bei den großen Kanälen geht es sicher um deutliche 5stellige Euro-Beträge im Monat.
Diese Professionalisierung treiben auch sogenannte YouTuber-Netzwerke voran – da sind vor allem Mediakraft und TubeAgency zu nennen.
Bis hierhin ist alles gut, junge Menschen betreiben leidenschaftlich das, was ihnen Spaß macht. Profis aus TV (wie Christoph Krachten, Gründer von Mediakraft) und Werbung (Boese Entertainment, Künstler-Agentur von YTitty) entdecken junge Talente, fördern diese und bauen eine Einkommensquelle für zahlreiche Dienstleister um die jungen Stars herum auf. Das reicht vom Videocutter über Songschreiber, Kamera- und Licht bis hin zu Marketing und PR.
Mit dieser Professionalisierung ging aber auch eine stärkere Vermarktung einher. So sind gerade Product Placements sehr beliebt, dafür hat YouTube inzwischen auch seine Vermarktungsrichtlinien geöffnet.
Wie groß der Web-Video-Markt ist und wie sehr sich das auf die Zukunft des TV auswirkt, hat auch die ProSiebenSat.1-Gruppe verstanden und investiert massiv in die Videoplattform myvideo.de – und engagiert reihenweise YouTuber für Live-Sendungen und ab Mitte Mai auch eine erste DokuSoap mit YouTubern ("Mission Housemen").

YouTube ist ein Bildungsraum

Sehr ausführlich bin ich zum Abschluss auf YouTube als Marktplatz eingegangen, nachdem ich die vielen Chancen von YouTube als jugendkulturellem Raum hervorgehoben habe. Ich denke, YouTube ist gerade noch recht unentdeckt als Handlungsfeld für die (politische) Bildungsarbeit. Dafür bieten sich insbesondere die Möglichkeit des Aufbaus eigener Channels und die zahlreichen Kommunikationsmöglichkeiten an den Orten, wo sich Jugendliche aufhalten, an.
Daneben muss es aber auch zunehmend unsere Aufgabe werden, medienpädagogische Themen dort zu platzieren, auf Entwicklungen wie z.B. verstecktes Product Placement hinzuweisen und Jugendliche wie Erwachsene dabei zu unterstützen, professionelle YouTube-Channels zu decodieren: Das Video, das vermeintlich

spontan, mal eben schnell in der Freizeit gedreht wurde, ist längst einer professionellen Produktion mit Marketing- und Erlös-Plänen gewichen.
Dazu ein beispielhaftes Statement eines 17-Jährigen, auf die Frage, ob YouTuber, insbesondere YTitty "geldgeil" seien:
"Ich finde es falsch zu sagen Youtuber seien geldgeil und machen Sachen nur für das Geld. Youtuber machen das als Hobby und "opfern" ihre Zeit für die Abonnenten und Youtube. Die ganze Arbeit und die ganze Zeit die für Youtube, drehen, schneiden etc. drauf geht, kann das Youtube Geld nicht wieder rein bringen. Soviel verdienen die damit nicht. Ich finde es richtig, dass die mindestens eine kleine Vergütung von Youtube bekommen."

Es wird sehr schnell deutlich, dass Jugendliche (und vermutlich viele Erwachsene) die aktuellen Entwicklungen auf YouTube nicht richtig einschätzen können. An belastbarer medienpädagogischer Forschung fehlt es bislang, weswegen ich mich dazu auf bisherige Alltagsbeobachtung beziehen muss.
Ein großartiges Beispiel, wie YouTube sinnvoll als Bildungsplattform genutzt werden kann, liefert die Landeszentrale für politische Bildung NRW: http://www.youtube.com/user/lzpbnrw

Quelle: http://pb21.de/2013/05/lebenswelt-youtube-jugendliche/

Daniel Seitz` Channel: http://www.youtube.com/user/medialepfade

Facebook – Fluch oder Segen?

Welche Möglichkeiten gibt es, „Facebook" sinnvoll in die unterrichtliche Arbeit mit einzubeziehen?
Ein Beitrag von Michaela Staleker, Schulleiterin der Schloss-Realschule Gaildorf

Keiner hätte vor fünf Jahren geahnt, welche rasante Entwicklung die sozialen Netzwerke nehmen und wie gesellschaftsfähig „Smartphone" und „Tablet" werden würden. Inzwischen ist es völlig normal und alltäglich, dass man in vielerlei Lebensbereichen, beim Einkaufen, während des Urlaubs oder beim Museumsbesuch Alt und Jung mit einem dieser Geräte sieht. „Kwick" für Schüler ist out, Facebook für Jugendliche wie auch gleichermaßen für Erwachsene ist in. Es stellt sich die Frage, ob es sich hierbei nur um Teufelszeug handelt oder ob es auch nützliche Helfer im Alltag und Berufsleben sind? In der Tat sind diese Geräte mobile Büroeinheiten, die jederzeit zur Kommunikation befähigen, ständige Erreichbarkeit simulieren und gleichzeitig lebenslanges Lernen abverlangen.
Als Lehrer steht man ganz besonders im Brennpunkt, was diese neuen Geräte und die mit ihnen verbundenen Möglichkeiten anbelangt. Kümmert man sich nicht um dieses Thema und negiert zugleich die damit verknüpften Welten der Schüler, ist man innerhalb eines Jahres außen vor, hat den Anschluss verloren und lässt sich von den Jugendlichen ein „X" für ein „U" vormachen. Elternberatungen sind weniger wertvoll, weil man nicht die geringste Ahnung hat, wie Jugendlichen miteinander verknüpft sind und welchen zeitlichen Umfang es in ihrem Leben einnimmt. Die Kommunikation der Schüler hat sich in den letzten drei bis vier Jahren vom SMS- und Mail-Kontakt hin zu WhatsApp und Facebook verschoben. Schreibt man den Schülern eine Mail mit wichtigen Informationen, kann man sich sicher sein, dass diese nicht abgerufen wird. Mail-Adressen werden lediglich als Zugangscode für das Einrichten des Facebook oder anderer Chat-Accounts genutzt.
Wie kommt man nun als Lehrer aus diesem Kreislauf heraus, vorausgesetzt das pädagogische Selbstverständnis ist derart, dass man offen für Neues ist und die Möglichkeiten fachlich, didaktisch und methodisch nutzen möchte?

Folgende Grundlagen müssen dazu gegeben sein:

- Grundsätzliches Interesse für soziale Netzwerke und den Umgang mit Smartphone und Co.
- Kenntnisse über Social Media
- Eigener Facebook-Zugang
- Gute Kenntnisse über Privatsphäre, Sicherheit, Datenschutzbestimmungen bei der Benutzung von Facebook.

Bevor man sich auf das Abenteuer Facebook und Social Media einlässt, muss man für sich persönlich einige Entscheidungen fällen. Grundsätzlich kann man sich mit seinem richtigen Namen bei Facebook anmelden. Dies bedingt aber einige Konsequenzen für den Umgang und das Verhalten im Netz. Als Lehrer könnte man sich natürlich auch zwei Zugänge schaffen, einen privaten und einen beruflichen, der nur für Schüler und Schule da ist. Die Folge ist aber, dass man zwei Accounts pflegen und ständig die Sicherheitsvorkehrungen beachten muss, die doch sehr häufig wechseln.
Meine Strategie war die Folgende: Da mein Zugang zunächst privat war, habe ich mich mit meinem richtigen Namen angemeldet, denn ich wollte ja gerade das tun, was man mit Facebook normalerweise tut, nämlich ehemalige Studienkollegen oder Bekanntschaften suchen, die man seit Jahren aus den Augen verloren hat. Das hat auch prima funktioniert und mein Profil habe ich so eingestellt, dass die größtmögliche Privatsphäre gewahrt wird, also nur Freunde Zugang auf die „timeline" haben. Darüber hinaus ist mir völlig klar, wenn ich Fotos oder Ähnliches veröffentliche, dass diese lebenslang im Netz sein werden. Mit diesem Bewusstsein wählt man die zu veröffentlichenden Dinge so aus, dass man diesem Grundsatz gerecht wird. Bei jeder Handlung, die man im Netz vollzieht, lernt man auch den Umgang mit diesem Medium. Unter den gegebenen Umständen ist dann mein Ansatz für meinen Deutschunterricht mit meiner Klasse entstanden. Da wir an der Schule im Moment noch keine schulinterne Plattform für Kommunikation innerhalb einer Klasse oder eines Faches haben, kam mir die Gruppenfunktion von Facebook gerade recht. Es lag deshalb nichts näher, als dass ich mit meiner neunten Klasse, die ich vor zwei Jahren unterrichtete, eine Gruppe einrichtete, die sich vor allem mit unseren Unterrichtsinhalten beschäftigte. Dabei stellte ich bei meinen Schülern klar, dass ich niemals mit einem von ihnen „befreundet" sein werde, solange sie noch unsere Schule besuchen. Dies wurde von den Schülern uneingeschränkt so akzeptiert und eröffnet auf der anderen Seite Freiraum für die Schüler, denn ich kann dann auch ihre persönlichen Profile nicht kontrollieren. Lediglich die Nachrichtenfunktion sollte geöffnet sein, so dass man sich problemlos Nachrichten, auch mit Anhängen, wie .pdf, .docx oder .jpg zuschicken kann.

Unsere Gruppe entwickelte über die zwei Jahre eine interessante Eigendynamik, die ich im Nachhinein nicht missen möchte. Ein paar wesentliche Gesichtspunkte möchte ich festhalten:

- Ich hatte vermehrt schriftlichen Kontakt mit Schülern, die mich während des Alltags nicht oder wenig ansprachen.
- Unterrichtsmaterial, wie .pdf, .docx oder .jpg können problemlos in die Gruppe eingestellt oder getauscht werden.
- Interessante Links oder Internetartikel können in der Gruppe schnell zur Kenntnis gebracht werden.
- Hinweise auf Stundenplanveränderungen sind möglich.
- Klassenfahrten, Geld einsammeln o.ä. sind schnell organisiert.
- Aufmunterungen oder lustige Begebenheiten sind immer wieder angesagt und eröffnen neue Perspektiven auf das Leben.
- Abstimmungen zu Themen können initiiert werden.
- Interessante Diskussionen zwischen den Schülern werden ausgetragen.
- Eine gewisse Kontrollfunktion ist möglich, denn man beobachtet indirekt, wie lange und wie häufig die Schüler im Netz sind.
- Während des Unterrichts können dieser Umgang und auch der Datenschutz immer wieder zum Thema werden.
- Wir haben nie explizite Regeln aufgestellt und doch hat sich jeder daran gehalten und es wurden keinerlei Beleidigungen ausgetauscht.

Selbstverständlich muss sichergestellt werden, dass alle Schüler Zugang zu den gegebenen Informationen erhalten, auch wenn einer oder zwei nicht in Facebook sind. Diese Aufgabe kann ein Schüler der Klasse übernehmen, der diese Infos per Mail weiterleitet. Keiner darf ausgegrenzt werden. Auch ist natürlich zulässig, dass sich Schüler mit Alias anmelden, um so ihre Privatsphäre zu wahren. Natürlich werden die Eltern vorab über das Vorhaben informiert und müssen ihr Einverständnis geben.

Meine letzte Klasse, die im Sommer 2012 entlassen wurde, hat den Wunsch geäußert, dass die Gruppe auch nach der Entlassung aus unserer Schule weiterbestehen soll. Die Kommunikation ist nun verhaltener, da die Jugendlichen mit neuen Aufgaben beschäftigt sind. Doch immer wieder entstehen neue Anlässe, ich chatte bei Gelegenheit mit dem einen oder anderen und erfahre so, wie sich ihr Lebensweg entwickelt. Manchmal werde ich gebeten, ein Schriftstück zu kontrollieren, einfach weil der Schüler/die Schülerin noch Vertrauen hat. Dies ist eine neue Form von Klassentreffen, von Zusammenkunft, Vernetzung und Begleitung in die Zukunft hinein. Ich habe in den vergangenen Jahren niemals eine negative Erfahrung mit dem Medium gemacht.
Im Moment habe ich wieder eine Gruppe mit einer zehnten Klasse, die ich erst zu diesem Schuljahr übernommen habe. Hier hat sie einen deutlich stärkeren Infocharakter, ist weniger eine Diskussionsplattform. Dies liegt meines Erachtens aber daran, dass ich die Schüler nicht so lange und so gut kenne, wie meine Ehemaligen. Fazit: Auch im Netz muss ein stabiles und gesundes Vertrauensverhältnis bestehen, um die so genannte „Netiquette" einzuhalten.[1]
Geeignet ist die Gruppenfunktion für ältere Schüler ab der 8. Klasse oder man hat die Klasse als Klassenlehrer.

Selbstverständlich nutzen wir als Schule Facebook auch als Seite, um Neuigkeiten schneller an den „Mann" oder die „Frau" zu bringen. Gesellschaft verändert sich, Kommunikation wird schneller und direkter, das hat zur Folge, dass sich auch Schule zwangsläufig verändern muss, um mit der Zeit zu gehen. Wir können den Segen verschiedener Apps für Smartphones nicht ignorieren, sei es Scannen oder Sprachenlernen, Führerscheinfragen üben oder die mobile Navigation. Den Fluch der Anonymität oder der ständigen Erreichbarkeit muss man thematisieren und das kann man mit Kenntnissen über Social Media besser als ohne.

www.schlossrealschule.de oder Facebook: http://www.facebook.com/SchlossRealschule

WWW

Hier finden Eltern und Pädagogen Informationen - eine Auswahl:

Einige aktuelle Bücher haben wir bereits vorgestellt (Siehe S. 6).

Wie bei kaum einem anderen Thema besteht beim Recherchieren im Internet die große Gefahr der Überinformation und Überlastung. Der Informatiker und Kritiker des Internets, Joseph Weizenbaum (* 8. Januar 1923 in Berlin; † 5. März 2008), drückte dies so aus: *„Wir suchen nach Wissen und ertrinken in Informationen."*

Wir stellen Ihnen hier eine Auswahl an Internetadressen und Materialien vor, wo Sie (und Eltern) gute und seriöse Informationen angeboten bekommen. Ergänzen Sie Ihre bewährten Quellen!
Diese Übersicht ergänzt sich durch Adressen, auf die im Schülerheft bei den jeweiligen Themen hingewiesen wird.

- Die Broschüre *„Chatten ohne Risiko? Sicher kommunizieren in Chat, Messenger und Community"* von jugendschutz.net; herunterladen unter:
  http://www.jugendschutz.net/pdf/chatten_ohne_Risiko.pdf
- Das Faltblatt *„Sicher vernetzt! Kinder und Jugendliche in Internet-Communitys"* von jugendschutz.net
  http://jugendschutz.net/pdf/Faltblatt_Communitys.pdf
- Informationen zu Hintergründen und Übersicht, Zahlen. Das Ausmaß von Cyber-Mobbing in Deutschland bei klicksafe.de
  https://www.klicksafe.de/themen/kommunizieren/cyber-mobbing/cyber-mobbing-was-ist-das.html

---

1 „Der Begriff Netiquette ist ein Kunstwort, das ursprünglich aus den Wörtern Net und Etiquette gebildet wurde. Oftmals sieht man im deutschen Sprachraum auch die vereinfachte Schreibweise Netikette.
Die Netiquette steht für die Sammlung von mehr oder weniger genau definierten Verhaltensmaßgeblichkeiten innerhalb des Internet und in einzelnen Diensten. Sie ist, und das wird oftmals missverstanden, kein Gesetzesbuch und nicht immer ein verbindliches Werk, sondern versteht sich eher als Hinweissammlung, wie man im Internet am höflichsten mit seinen Mitmenschen umgeht." (aus: http://www.netplanet.org/netiquette/)

- Dieses Internetportal bietet neben umfangreichen Informationsmaterialien eine Beschwerde-Möglichkeit: *http://www.jugendschutz.net*
- Ganz interessant, eine Adresse, unter der Jugendliche sich von Jugendlichen beraten lassen können, Mobbing und Abzocke im Internet: *www.juuuport.de*
- Eine Beratung speziell für Mädchen: *www.lizzynet.de*
- Die Studie „Gewalt im Web 2.0" - Band 23 der Schriftenreihe der NLM - unter anderem mit qualitativen Interviews zu Erfahrungen und dem Umgang Jugendlicher mit verschiedenen Aspekten des Cyber-Mobbings: *http://www.nlm.de/fileadmin/dateien/pdf/Band_23.pdf*
- Seite des Bundesministeriums für Familie, Senioren, Frauen und Jugend über Ursachen und Folgen von Cyber-Mobbing: *http://www.bmfsfj.de/cybermobbing*

watch your web

http://www.watchyourweb.de/

Die IJAB-Fachstelle für internationale Jugendarbeit der Bundesrepublik Deutschland e.V. hat eine Kampagne ins Leben gerufen, die Jugendliche zur Sensibilisierung im Umgang mit persönlichen Daten im Internet aufrufen soll. Sehr anschaulich gemacht, mit interessanten und gut gemachten Video-Clips.

Die Seite klärt über das Recht auf informationelle Selbstbestimmung auf und gibt Hilfestellungen, wie Jugendliche sich und ihre Daten schützen können.

Vier Kernbotschaften werden dabei vermittelt:

- „Das Internet vergisst nichts",
- „Du hast keine uneingeschränkte Kontrolle über die eigenen Daten",
- „Virtuelles ist real" und
- „Es gibt keine privaten Schutzräume im Internet".

Unter „Webtest" können User herausfinden, ob sie bereits sicher surfen. „Hilfe vor Ort" verweist auf Partner der Kampagne, an die sich Jugendliche bei Problemen und Fragen wenden können.

Die Kampagne watch your web ist eine Initiative des IJAB-Projektes Jugend online und wird durch das Bundesministerium für Landwirtschaft, Ernährung und Verbraucherschutz sowie durch das Bundesministerium für Familie, Senioren, Frauen und Jugend gefördert.

klicksafe

http://www.klicksafe.de/themen/kommunizieren/cyber-mobbing/

Die Website **www.klicksafe.de** ist Bestandteil des Safer Internet Programms der Europäischen Union. In Deutschland ist die Landeszentrale für Medien und Kommunikation (LMK) Rheinland-Pfalz gemeinsam mit der Landesanstalt für Medien (LfM) Nordrhein-Westfalen mit der Umsetzung beauftragt.

Klicksafe richtet sich über Eltern und Pädagogen an Jugendliche.

Empfehlung: Das klicksafe-Lehrerhandbuch

Das klicksafe-Handbuch „Knowhow für junge User" ist eine praxisnahe Einführung in die weiten Felder der Online- und Netzkommunikationen. Aufbauend auf dem Konzept und den Erfahrungen der klicksafe-Lehrerfortbildungen bietet es für Lehrer und Multiplikatoren eine Fülle von sinnvollen Hilfestellungen und praxisbezogenen Tipps für den Unterricht. Die Einheiten sind leicht verständlich, und eine vorherige Schulung oder Fortbildung ist daher nicht notwendig.

Insgesamt bietet das Handbuch zu jedem Jugendmedienschutz-Thema drei Unterrichtseinheiten (d.h. Arbeitsblätter zum Kopieren) in verschiedenen Schwierigkeitsgraden an.

http://www.klicksafe.de/service/fuer-lehrende/lehrerhandbuch/

Jedes Thema ist gleich aufgebaut:

- Sachinformationen,
- Links,
- methodisch-didaktische Hinweise,
- Arbeitsblätter für den Unterricht.

Das Handbuch ist in neun Bausteine unterteilt und enthält verschiedene Kapitel sowie Unterrichtseinheiten zu den einzelnen Jugendmedienschutz-Themen. Die Bausteine mit den Themen und Arbeitsblättern können auch einzeln als PDF-Dateien heruntergeladen werden. Alle Materialien können gegen eine geringe Gebühr auch in Druckform bestellt werden.

Suchmaschinen kompetent nutzen

Ein neues Zusatzmodul möchten wir besonders empfehlen, da hier Eltern, Lehrer und Jugendliche Hilfestellungen für die Suche im Internet erhalten: http://www.klicksafe.de/suchmaschinen

Suchmaschinen kompetent nutzen: **klicksafe** informiert

- Wie funktioniert eine Suchmaschine?
- Die verschiedenen Suchmaschinentypen
- Wie kommt ein Ranking zustande?
- Tipps & Tricks beim Suchen
- So suchen Kinder und Jugendliche
- Datenschutz und Suchmaschinen
- Jugendschutz und Suchmaschinen
- Quellenkritik und Bewertungskompetenz

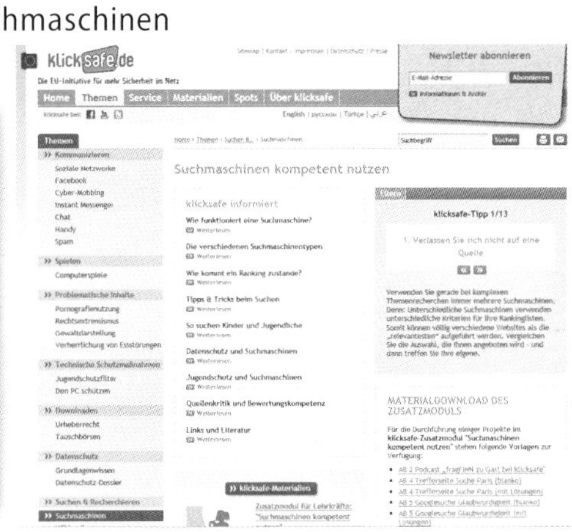

Mediaculture-Online

Ein Angebot für Lehrkräfte mit Sachinformationen zum Rahmenthema "Generation online - Leben in verschiedenen Welten?" für Realschulen in Baden-Württemberg in 2013/14. Unterrichtsmodule und Materialien, Texte für die Arbeit mit dem Kompendium und regionale Fortbildungsangebote:

http://www.mediaculture-online.de/Realschulabschlusspruefung-201.1995.0.html

MediaCulture-Online ist ein Internetportal für Medienpädagogik, Medienbildung und Medienkultur. Es wird im Auftrag des Ministeriums für Kultus, Jugend und Sport Baden-Württemberg durch das Landesmedienzentrum Baden-Württemberg (LMZ) in der redaktionellen Weiterentwicklung seines Online-Angebotes betrieben.

Adressen geprüft: 29.6.2013

Der Unterricht

Unterrichtsphase I – Das Thema erschließen

SH 2 - 6

„Generation online – Leben in verschiedenen Welten?"
Bilden unsere Jugendlichen eine »Generation online«?

Bestätigt der Umgang mit Internet und den neuen Medien identitätsstiftende Gemeinsamkeiten?
Leben unsere Jugendlichen damit in verschiedenen Welten, parallel in der realen-analogen und einer digitalen, der Online-Welt? Sind dies überhaupt verschiedene Welten oder sind diese Welten so miteinander verwoben, dass die eine nicht ohne die andere existiert?
Oder meint „verschiedene Welten", dass es gravierende Unterschiede zwischen den Generationen gibt?

Auf den Seiten 2 bis 6 des Schülerhefts stellen wir einen offenen und humorvollen Einstieg ins Thema vor.
Als Alternative wäre auch der Beginn mit den Impulstexten möglich, wobei die Einstiegseiten dann thematisch verwendet werden können.
Die Impulstexte sind für die Schülerinnen und Schüler der Realschule Klasse 10 in Baden-Württemberg verpflichtend und werden ins Kompendium übernommen.

SH 2

Kann die junge Generation als „Generation online" bezeichnet werden?
Dazu müsste es viele Gemeinsamkeiten im Online-Verhalten geben und diese müssten zudem identitätsbestimmend sein. Außerdem: Sind Verhaltensweisen und Einstellungen der heutigen Jugend-Generation so konform, dass sie unter eine Bewertung subsumiert werden können?
Na ja, man erinnere sich an nur wenige Jahre zurückliegende Postulate: »Generation Freizeit«, »Generation Konsum«. Näher betrachtet erwiesen sich viele Titel als falsch, als Wahrnehmung aus verkürzter oder voreingenommener Perspektive. Auffallend ist auch, dass ein zugrundegelegter Wertewandel, sich immer wieder als weniger prägend, als angenommen erwies. Viele Werte sind generationenübergreifend stabil und dauerhaft.

Welche Merkmale der Unterscheidung werden genannt?

Generation online	**Unterschiede zu unseren Eltern**
• ähnlicher Umgang mit Internet, neuen Medien	• nutzen diese weniger, anders
• weniger Zeitung lesen, mehr im Internet	• stärker an alten Medien orientiert
• Handy/ Smartphone-Nutzung verspielt als Multimedia-Machine	• Konzentration auf Telefonieren, E-Mail

Die Infokästen **Generation** und **Identität** sollen sicherstellen, dass die Begriffe Generation und Identität bei der Beantwortung einheitlich berücksichtigt werden

Leben in verschiedenen Welten?

Bei unseren Unterrichtsgesprächen in den Testklassen zeigten sich Jugendliche immer wieder überrascht über den Terminus „verschiedene Welten“:

„Im Unterschied zu welch anderer Welt soll diese sein?“

„Wir leben in derselben Welt - aber wir haben andere Gewohnheiten.“

Dass die Digitalisierung vieles verändert, ist unbestritten, aber:

Das Internet ist in erster Linie ein generischer *Übertragungskanal für digitale Daten*. Es kann *klassische Medien wie Print, Radio und Fernsehen* in sich aufnehmen, da auch diese Medien heute in digitaler Form repräsentierbar sind. Durch die rasante Evolution schneller digitaler Funkverbindungen wird sich diese Entwicklung weiter beschleunigen und langsam aber sicher von kabelgebundener Kommunikation wegführen.

Kann man da von verschiedenen Welten sprechen? Sascha Lobo drückte dies anlässlich der Organisation der Hilfe beim Hochwasser über Facebook und Twitter im Juni 2013 treffend aus:

„Beim Hochwasser wurde durch Facebook kein einziger Sack Sand transportiert. Es waren immer Menschen, die ihn in der Hand hatten.“

Generation Online?

Jugendliche in verschiedenen Klassenstufen (acht und zehn) hoben immer wieder hervor, dass es gravierende Unterschiede in der Nutzung gibt, und dass diese oftmals Befremdung hervorruft. Ebenso wurde artikuliert, dass Internet und Medien ein wichtiger Teil des Alltags sind, aber Freunde, Familie, Vereine usw. genauso.

Auch wenn sich viele über die neuen Medien artikulieren und orientieren, es wurde angezweifelt, ob das „Online-Verhalten“ identitätsstiftend sei, sowohl individuell als auch für die Gruppe.

Dies zeigt auch, dass Jugendliche viel gelassener mit der Thematik umgehen.

Zur Unterstützung des „Generationenvergleichs“ können Impulse gesetzt werden:

Kopiervorlage

Worin unterscheidet sich eure Generation von der eurer Eltern am deutlichsten? Kreuze jeweils an, was aus deiner Beobachtung am ehesten zutrifft.

In der Einstellung zur Ernährung unterscheiden wir uns

❍ nicht ❍ kaum ❍ deutlich ❍ stark ❍ am ausgeprägtesten

In Kleidungsfragen unterscheiden wir uns

❍ nicht ❍ kaum ❍ deutlich ❍ stark ❍ am ausgeprägtesten

Im Musikgeschmack unterscheiden wir uns

❍ nicht ❍ kaum ❍ deutlich ❍ stark ❍ am ausgeprägtesten

In der politische Einstellungen unterscheiden wir uns

❍ nicht ❍ kaum ❍ deutlich ❍ stark ❍ am ausgeprägtesten

In den Werten und Normen unterscheiden wir uns

❍ nicht ❍ kaum ❍ deutlich ❍ stark ❍ am ausgeprägtesten

Im Radiokonsum unterscheiden wir uns

❍ nicht ❍ kaum ❍ deutlich ❍ stark ❍ am ausgeprägtesten

Im Fernsehkonsum unterscheiden wir uns

❍ nicht ❍ kaum ❍ deutlich ❍ stark ❍ am ausgeprägtesten

In der Teilnahme an sozialen Netzwerken unterscheiden wir uns

❍ nicht ❍ kaum ❍ deutlich ❍ stark ❍ am ausgeprägtesten

In der Handhabung von Smartphones unterscheiden wir uns

❍ nicht ❍ kaum ❍ deutlich ❍ stark ❍ am ausgeprägtesten

In der Dauer von Internet-Sitzungen unterscheiden wir uns

❍ nicht ❍ kaum ❍ deutlich ❍ stark ❍ am ausgeprägtesten

Generation online: Versuch einer Definition
Die nach 1995 geborenen Menschen, die ganz selbstverständlich in der Welt des Internets hineingewachsen sind, also bereits als Kinder oder Jugendliche »online« sind, betrachten die Möglichkeiten von Computer, Laptop oder Smartphone als selbstverständlich. Diese Generation kommuniziert lieber über Handy als über Festnetz, sendet SMS, chattet oder postet in Blogs, nutzt soziale Netzwerke, um Kontakte herzustellen bzw. Beziehungen zu pflegen; sie nutzt »Wikipedia« und andere Wissensportale als primäre Informationsquelle. Technische Grundlage für diese junge Generation ist vor allem das Web 2.0 mit den deutlich verbesserten Möglichkeiten der Vernetzung, der Gestaltbarkeit und des gegenseitigen Austauschs.

SH 3 - 4

Lukas und seine Eltern
Vorschlag:
Eine Gruppe trägt den „Sketch" pointiert vor.

Die Einstellung der Eltern gegenüber der »Generation online«:

- Halten Informationen aus dem Internet für unsicher und unzuverlässig
- Haben Sorge, das Internet könnte zu sehr zum Mittelpunkt von Lukas werden
- Schätzen Facebook, YouTube als Spielerei ein, ohne genau zu wissen, worum es dabei geht
- Die Mutter schränkt ein - sie bezweifelt den Nutzen für die Schule; fürchtet das „Abtauchen in einen Realitätsverlust"
- Beide verfügen über Halbwissen und benutzen Klischees beim Argumentieren („Killerspiele", Windows 3.11)
- Lukas macht sich wichtig und punktet durch Wikipedia-Wissen, dessen Inhalte der Vater für unseriös hält.

Die Anregung, einen eigenen Sketch zu schreiben, könnte auch als „Vorarbeit" durch einige Schüler erfolgen.

SH 5

Bingo für Einsteiger
Es ist beeindruckend, wie das Bingo eine Klasse aktiviert und zugleich auch zeigt, dass das Nutzerverhalten sehr unterschiedlich ist. Es macht auch bewusst, dass manche Aktivität nicht hinterfragt wird oder auch Informationsdefizite über Gefahren bestehen.

SH 6

Mein „Online"-Alltag
Bei dieser Umfrage ist (noch) nicht intendiert, eventuell problematische, lange Nutzungszeiten zu ermitteln. Es lohnt jedoch, durch eine Selbstbeobachtung zu erkennen, was jeder wie lange tut, wie sein Alltag mitgestaltet wird - und dass Onlineaktivitäten Zeit kosten und eventuell andere Aktivitäten einschränken.

SH
7 - 17

Die Auswertung der Impulstexte

Der offene Einstieg in das Rahmenthema „Generation online - Leben in verschiedenen Welten?“ wird anschließend über die Auswertung der drei „Impulstexte“ vertieft.
Die Impulstexte sollen Einblicke in die Thematik und einen Überblick über deren Bereiche eröffnen. Wie das Rahmenthema enthalten sie Impulse, stoßen an, was es zu untersuchen gilt, was auffallend, was problemtisch ist, was durch intensive Recherchen und Untersuchen näher betrachtet werden soll.

Es empfiehlt sich, zunächst alle Impulstexte zu erschließen, bevor deren Aussagen diskutiert werden.
Ein gruppenteiliges Verfahren spart Zeit, wobei jeweils eine Gruppe die Ergebnisse der Auswertung zur Kontrolle präsentiert.
Wichtig ist, Querverbindungen anzusprechen. So besteht zwischen der Karikatur (Impulstext 1) und Impulstext 3 eine Parallele:
Beide sprechen die Sorge an, dass das Internet zu Veränderungen in der Kommunikation und in unserer Wahrnehmung führt. Die Mittel, von uns geschaffen, würden unser Zusammenleben, unsere Gefühlswelt verändern und beschädigen.

SH
7- 8

Impulstext 1 – SOCIAL WEB

Die Karikatur von Oliver Widder stellt auf humorvolle Art die Frage, ob durch das Nutzen von „Social Communities“, hier Twitter, zwischenmenschliche Beziehungen verkümmern. Der männliche Nutzer kommuniziert über die Maschine Computer und das Internet. Statt die Frage der weiblichen Person, die hinter ihm steht und ihn darauf anspricht, was er gerade denke, zu beantworten, verweist er darauf, sie möge seinen neuesten „Tweet“ nachlesen. Er dreht sich nicht um, er gibt keine persönliche Antwort.
Hinzu kommt die Anspielung durch das Wort „tweet“, zwitschern.
Damit könnte auch ein belangloses Gezwitscher gemeint sein und keine ernsthafte Kommunikation.
Widder nimmt in seiner Karikatur Bezug auf das soziale Netzwerk „Twitter“, das wörtlich übersetzt Gezwitscher bedeutet und in dem sich Mitglieder über Kurznachrichten, die aus maximal 140 Zeichen bestehen dürfen, austauschen. Jugendliche kennen Twitter weniger und nutzen dieses auch selten, sie nutzen eher Facebook, zumal schülerVZ zum 30. April 2013 geschlossen wurde.

Mögliche Gedanken der Frau:

„So was! Es wäre doch viel einfacher, mir persönlich zu antworten.“
„Warum drehst er sich nicht einfach um und antwortet mir?“

Der Titel „SOCIAL WEB“ wirkt geradezu ironisch: Soziales Netz - unter sozial verstehen wir eine persönliche direkte Kommunikation (face to face). Dies ist zugleich eine Anspielung, dass sich Kommunikationsformen verändern (siehe Impulstext 2) und dass neben die persönliche Kommunikation die über das Internet ergänzend hinzu kommt.
Es wäre gut, wenn Schülerinnen und Schüler hier ihre Erfahrungen, ihre „Online-Praxis“ einbringen, wie das im Einstieg in das Thema angeregt wurde.

Impulse – klären und genauer untersuchen:

- Wie verändern sich durch das Nutzen von „Social Communities“ menschliche Beziehungen?
- Werden sie oberflächlicher?
- Verkümmern sie sogar?

SH
9 - 13

Impulstext 2 – „Jugendliche plaudern anders"

Der Text ist sehr verdichtet geschrieben und spricht ein ganzes Bündel an Themenbereichen an.
Er verweist bereits in seinem Titel auf ein auffallendes andersartiges Verhalten in der Kommunikation Jugendlicher, bedingt durch neue Medien. Das Wort „plaudern" macht deutlich, dass Jugendliche oft eine andere Art des Gesprächs mit weniger Intensität im persönlichen Austausch anstelle der persönlichen-realen Kommunikation bevorzugen.

Welche Gründe führt Florian Rehbein dafür an, dass ein Großteil der Jugendlichen statt persönlichen Gesprächen lieber chattet, simst oder E-Mail nutzt? Ergänze die Aussagen:

- Das ist effektiver, als jeden anzurufen
- Jugendliche können andere Rollen dabei ausprobieren
- Unsicherheiten im Gespräch oder Verhalten fallen nicht ins Gewicht
- Nähe lässt sich vermeiden
- Sie müssen nicht so viel Persönliches preisgeben

Kontrolle über virtuelle Kontakte

Stelle gegenüber:

Lebendige Beziehungen	Virtuelle Kontakte
• *Lebendige Beziehungen sind komplizierter und störanfälliger* • *zwingen dazu, eigene Positionen infrage zu stellen* • *man muss sich auf den anderen einlassen*	• *man behält die Kontrolle* • *man kann sich ausloggen, wenn einem eine Meinung nicht passt* • *man muss sich nicht auf den anderen einlassen*

Was kann – Gerald Hüther, Leiter der Zentralstelle für Neurobiologische Präventionsforschung der Universitäten Göttingen und Mannheim/Heidelberg, zufolge – bei virtuell kommunizierenden Jugendlichen auf Dauer zum Problem werden? Ergänze!

Wenn Jugendliche persönliche Kontakte weniger pflegen, kann dies dazu führen, dass es ihnen immer schwerer fällt, die Emotionen ihres realen Gegenübers wahrzunehmen und zu deuten. Man lässt sich weniger auf andere ein und weicht unangenehmen Antworten oder Meinungen einfach aus.

Korrigiere die Aussagen zum Mobbing.
Unterstreiche die entsprechende Textstelle und schreibe die richtige Aussage darüber.

Einer Studie der Leuphana-Universität Lüneburg zufolge ist fast jeder dritte Schüler an weiterführenden Schulen schon einmal von Klassenkameraden schikaniert worden. Mehr als 37 Prozent gaben an, andere schon mal gemobbt zu haben. Ein Problem sei daher, dass das Internet eine Verstärkerfunktion habe – etwa beim Mobbing von Mitschülern, erläutert Rehbein. Im echten Leben hätten solche Beleidigungen eine kurze Halbwertzeit, und es hörten vielleicht zwei, drei Leute mit, erklärt Rehbein. „Im Internet wirkt so was langfristig und erreicht viele."

Versuche zu erklären: „Aus jugendlichem Leichtsinn kann so unglaubliches Leid werden."

Aus obiger Lösung ableitbar:
Viele Opfer werden langfristig belastet; das Mobbing ist dauerhaft, die Betroffenen leiden viel stärker als bei herkömmlichem Mobbing.

Digitale Daten können beliebig kopiert, rasch und weltweit verbreitet werden und sind, einmal „losgelassen", nicht mehr rückholbar. Der jugendliche Leichtsinn besteht darin, dass durch die Distanz (der Angegriffene ist nicht präsent) der Ton rauer werden kann und aus einer Laune heraus ein Prozess ausgelöst wird, der vielen nicht bewusst ist.

Zeitgefühl geht verloren

Kreuze die richtigen Aussagen an.
Der virtuelle Umgang erfordert Regeln und Erziehung, die durch Eltern und Lehrer vermittelt werden müssten, denn

☒ viele Kinder sitzen im Kinderzimmer unkontrolliert am Computer.
☒ Eltern und Lehrer wissen of nicht, welchen Konflikten Jugendliche im Internet begegnen.
☒ Kinder, Jugendliche und Erwachsene unterschätzen oft die Zeit, die sie am Computer verbringen, und verlieren so das Zeitgefühl.

24 Stunden Unterhaltung

Suche Beispiele für die Aussage „*Die Angst etwas zu verpassen, halte viele Leute länger vorm PC als gewollt.*"

1) Aus dem Impulstext
   a) *Ein Buch endet nach etwa 200 Seiten, ein Film nach etwa zwei Stunden – das Internet kennt kein „Ende".*
   b) *Die Angst etwas zu verpassen, lässt viele länger im Internet verweilen, als gedacht*

2) Beispiele aus deiner eigenen Erfahrung
   Dabei kann auf die Ergebnisse der Klassenumfrage (SH 6) zurückgegriffen werden.
   Z.B. Man informiert sich über einen Film im Internet und verliert sich, schaut einen Ausschnitt dort aus, ...

Setze die richtigen Aussagen ein:
Die Quote abhängiger Internetnutzer liege bei zwei bis sieben Prozent – entspreche also der anderen Suchtverhaltens, erläutert Prof. Stefan Aufenanger vom Pädagogischen Institut der Universität Mainz.

Er warnt davor, die Gefahr zu überschätzen.

Wodurch haben Online-Rollenspiele wie „World of Warcraft" das größte Potenzial für Suchtprobleme? Ergänze die Lücken!
Menschen, die sich in der realen Welt nicht wohlfühlten, fänden dort gut gemachte Welten, in denen sie neue Rollen einnehmen und mit Gleichgesinnten reden könnten.

Worauf ist es zurückzuführen, dass in Einzelfällen „World of Warcraft"-Spieler zusammengerechnet 200 Tage im Jahr vorm Computer verbringen?
Der Gruppendruck in der rund 13 Millionen Spieler zählenden Gemeinde könne sehr hoch sein, da die Leute in festen Gruppen unterwegs seien.

Internet wird als Kontaktbörse genutzt

Ergänze die Ergebnisse der Studie des Kriminologischen Forschungsinstituts.

Rund zehn Prozent der 15-Jährigen in Deutschland spielen etwa sieben Stunden täglich.

Bei den Jungen sind es sogar 15 Prozent.

Kreuze die richtigen Aussagen an.
Von einer „Sucht" kann man erst dann sprechen, wenn
- ☒ Dinge vernachlässigt werden, die einem vorher wichtig waren
- ☒ Entzugserscheinungen wie Nervosität oder Missgestimmtheit auftreten
- ☒ ein Spieler seine Spielzeit vor dem Computer nicht reduzieren kann, obwohl er dies will

- ☒ Der Medienpsychologe Johannes Moskaliuk von der Universität Tübingen weist darauf hin, dass auch Studenten das Netz vor allem nutzen, um Kontakt zu Bekannten zu halten

Stimmst du der Forderung von Johannes Moskaliuk zu „Schule und Hochschule seien in der Pflicht", Schüler und Studenten darin zu bestärken, das Internet stärker für die Kenntniserweiterung zu nutzen?

Eigene Vorschläge
Seien Sie gespannt, wie die Antworten ausfallen. Es könnte durchaus sein, dass zwar mehr Aktivitäten angeregt und gefordert werden (bessere Ausstattung, bessere Netze, Aufklärung), andererseits können Vorbehalte artikuliert werden, dass die Schule das „Feld der Jugendlichen" ins Visier nimmt.

Impulse – klären und genauer untersuchen:
- Wie nutzen Jugendliche Internet- und Computer?: Zahlen, Gründe, Erfahrungen.
- Führen virtuelle Kontakte dazu, dass wir die Emotionen unseres realen Gegenübers nicht mehr richtig wahrnehmen und deuten? Lassen wir uns dadurch weniger auf andere ein und weichen unangenehmen Antworten oder Meinungen einfach aus?
- Verhalten wir uns skrupelloser als bei der Face-to-face-Kommunikation?

- Wodurch kann Mobbing im Internet („Cyber-Mobbing") das Leid der Opfer verstärken?
- Kann Internetnutzung zu einer Sucht, zu einer Abhängigkeit führen?
- Wie kann diese verhindert werden?
- Was sind „komplexe Online-Rollenspiele" wie „World of Warcraft" und worin liegt ihr Gefährdungspotential?
- Worin besteht bei Rollenspielen der Gruppendruck?
- Sollte das Internet stärker für die Suche nach und den Austausch von Wissen verwendet werden?

SH 14 - 17

Impulstext 3 – Privatsphäre im Netz, „Das Internet erinnert sich ewig"

Ein Interview, das der Journalist Marten Rolff mit dem Medienrechtsexperten Victor Mayer-Schönberger von der Harvard-Universität führte.
Mayer-Schönbergers These: Im digitalen Zeitalter bekommen alle Informationen neue Qualitäten, sie haben weiterreichende Wirkungen und zum Teil ungeahnte Folgen.
Die Beispiele, die er anführt, münden in seiner Aufforderung, dass wir uns mehr Verantwortung im Umgang und im Nutzen der neuen Medien beibringen müssen und andererseits darauf achten, uns kognitiv nicht zu überfordern.

Damit thematisiert er, dass das Internet eine Flut von Informationen mit sich bringt und der Einzelne überfordert sein kann, deren Qualität und Wichtigkeit zu beurteilen. Deshalb fordert er die Stärkung der Medienkompetenzen. Wer selbstbestimmt die neuen Medien nutzen möchte, muss darauf vorbereitet und geschult werden.

Impulstext 3 tragen wir in zwei Schaubildern zusammen.

SH 16

Was sollen Internet-Nutzer von sich preisgeben?
- *Nur das preisgeben, von dem man will, dass es jeder wissen darf.*

Missbrauch von Daten?
- *Für Mobbing-Aktionen*
- *Sie können unkontrolliert verbreitet werden, auch in Hände gelangen, für die sie nicht gedacht sind*
- *Für Geheimnisverrat, z.B. über noch geheime neue Produkte (Apple)*

Neue Gefahren durch Personensuchmaschinen:
- *Die Persönlichkeitsrechte von Menschen können verletzt werden.*
- *Wer stellt was zu einer Person ins Netz?*
- *Wer kontrolliert, ob die Aussagen stimmen und gewollt sind?*

Digitales Zerrbild und deren Folgen:
- *Einer Lehrerin wurde die Einstellung wegen altem Bild im Internet verweigert.*
- *Ein Bankkonto könnte wegen veralteter Pleite verweigert werden.*
- *Jugendsünden, Alkohol oder Schulden würden einem dauerhaft angelastet und können existenzbedrohend werden.*

Warum ist es fast unmöglich, einmal Veröffentlichtes aus dem globalen Netz wieder zu entfernen?
- *Alle Information können gestreut, und tausendfach verschickt werden.*
- *Das Internet mit seiner dezentralen Struktur, seinen Zwischenspeichern und Millionen von Netzknoten erinnert sich grundsätzlich ewig.*
- *Verursacher können oft nicht ermittelt oder belangt werden, da sie anonym bleiben oder im Ausland leben.*
- *Selbst über Gerichte ist es schwer, eine Verbreitung zu stoppen: Gerichte räumen z.B. der Meinungsfreiheit einen Vorrang vor dem Geheimnisverrat ein.*

SH 17

Das **Strukturbild** verdeutlicht den Gegensatz der Struktur unseres Gehirns und der Webstrukturen.
Wir merken uns, was uns wichtig erscheint, was wir einordnen können und vergessen vieles. Dies entlastet!
Diese Struktur fehlt im Internet, alles steht nebeneinander, unstrukturiert, dauerhaft in Überfülle - damit kann eine kognitive Überforderung eintreten.
Die Flut an Informationen führt zu einer Überlastung, die dazu führt, dass wir wichtige Informationen nicht mehr erkennen können.

Unser Gehirn:
- *vergisst vieles – und das ist wichtig und entlastend*
- *kann die Wichtigkeit von zu vielen Informationen nicht richtig einschätzen*
- *Die Nutzer können mit der Menge an dargebotener Information nicht umgehen*

Das digitale Zeitalter

- *Das digitale Zeitalter vergisst nichts.*
- *Die Informationen im Netz erscheinen als „zeitlos",*
- *sie werden aus dem Zusammenhang gerissen*

Prüfe: genügend technischer Schutz, Gesetze und Kontrollmöglichkeiten?
Der Fachmann weist darauf hin, dass sich technische Schutzmechanismen meist übergehen lassen.
Wichtig sei daher, dass die Anwender sensibel würden, vorhandene Schutzmechanismen zu nutzen und vorsichtig mit ihren Daten umzugehen. ***Der Nutzer muss Verantwortung übernehmen.***

Mache Vorschläge: So kann die „Internetgemeinde" geschult werden.
Möglichkeiten:

- *Software installieren gegen Viren, Spyware, Spam*
- *Schutzfilterprogramme und -Einstellungen gegen unerwünschte Inhalte*
- *Profileinstellungen in Communities u.a.*
- *Aufklärung über Gefährdungen und Risiken*
- *Schulung von Jugendlichen (und Erwachsenen)*
- *Zurückhaltung bei persönlichen Daten*

Mayer-Schönberger, Experte für Medienrecht: *„Wir müssen dem Internet beibringen zu vergessen."*
Er schlägt dazu vor:

Inhalte mit einem Verfallsdatum zu kennzeichnen oder deutlich machen, wann eine Information eine geringe Rolle spielt.
In der Tat gibt es solche Möglichkeiten bereits (kaum jemand kennt sie; so können z.B. Fotos, Videos so übertragen werden, dass sie sich nach kurzer Zeit selbst löschen; nur der direkte Empfänger behält diese).
Ansonsten: Die Wirklichkeit zeigt, dass vieles Wunschdenken ist. ***Die beste Sicherheit ist Zurückhaltung, prüfen, was gebe ich von mir wem preis!***

Impulse – klären und genauer untersuchen:

- Woran liegt es, dass das Internet nicht vergisst?
- Welche Folgen kann dies haben?
- Wie kann man der Internetgemeinde und damit auch sich selbst mehr Verantwortung beibringen?
- Wie kann man sich vor der kognitiven Überforderung schützen?

Thematisch sortiert und gebündelt ergeben sich folgende Themenbereiche:

„Generation online": Wie nutzen Jugendliche die neuen Medien und das Internet?

- Potentiale des Internets und der neuen Medien.
- Gefährdungen im Internet
- Leben Jugendliche in verschiedenen Welten?

Wie gehen Jugendliche mit ihren Daten im Internet um - welche Folgen hat dies?

- Selbstdarstellung in Sozialen Netzwerken, Problematisierung unerwünschter Folgen.
- Datenspuren und dessen Folgen: Das Internet vergisst nichts.
- Problematisches Nutzungsverhalten Jugendlicher.
- Sensibilisierung für den verantwortungsvollen Umgang mit persönlichen Daten.

Cyber-Mobbing

- Was ist Cyber-Mobbing?
- Folgen von und Schutz vor Cyber-Mobbing

Wie verändert Web 2.0 die Kommunikation (Jugendlicher)?

- Das Internet wandelt sich: „Social Media" als neue Möglichkeiten der Information und der sozialen Interaktion.
- Facebook, Online-Communities – Chancen und Risiken.

Gefährdungen durch exzessive Computer- und Internutnutzung

- Ursachen, Folgen und Ausprägungen einer Online- oder Computerspielsucht

Medien- und Informationskompetenzen

- Verantwortung übernehmen: Das Internet gezielt und selbstbestimmt nutzen
- Die Informationsmöglichkeiten stärker nutzen

Information ist dabei der erste Schritt, indem dadurch Probleme und Gefahren erkannt werden können.
Im Zentrum steht das Verstehen von Verhaltensmustern und deren Folgen. Wir müssen uns bewusst sein, dass das Internet Auswirkungen auf unser Zusammenleben und unsere Beziehungen hat. Die reale und die virtuelle Welt sind keine verschiedenen Welten, sie durchdringen sich.
Wir müssen unser alltägliches Medienhandeln reflektieren - vielleicht finden wir so auch Neues, Bereicherndes?

Einen Themenspeicher erstellen
In der Mitte des Zimmers liegen DIN A 3-Kartons und Schreiber.
Nach der Einstiegsphase und der Besprechung der Impulstexte wird je ein Themenbereich auf einen der Kartons geschrieben und auf einer Pinnwand/ Wand angeheftet.

Es wird festgelegt:

- In welcher Reihenfolge die Themen behandelt werden.
- Welche Gewichtung den Themen gegeben wird.
- Welche Gruppe sich einem Themenbereich intensiver widmet und dazu recherchiert.
- Wie die Informations- und Recherchephase organisiert wird (wie lange diese sein soll).
- Wie die Ergebnisse der Klasse vorgestellt werden.

Dieses Vorgehen orientiert sich an der Methode des *Advance Organizer*.[1]
Der Advance Organizer leistet einen Beitrag zur Transparenz des Einstiegs in eine Thematik/Unterrichtseinheit. Er stellt die einzelnen Themenbereiche vor und garantiert so ein sachlich korrektes Vorverständnis.

Er verfolgt folgende Ziele:

1) Ermöglichung der Verknüpfung vorhandenen und neuen Wissens.
2) Anbahnung von Verstehen
3) Mitwirken der Schüler (Reihenfolge bestimmen, Veränderungen vorschlagen, Schüler bei Erstellung einbeziehen)

Die Schülerinnen und Schüler erhalten für die Recherchephase ca. 2 Wochen Zeit.

---

1 Ausführliche Informationen siehe: Diethelm Wahl, Lernumgebungen erfolgreich gestalten – Vom trägen Wissen zum kompetenten Handeln, Bad Heilbrunn Verlag Julius Klinkhardt 2006, Kap. 5, 3, S. 139 ff.

Unterrichtsphase II – Informations- und Recherchephase

Parallel zur Verteilung der Rechercheaufträge kann - je nach Erfahrungsstand der Klasse - besprochen werden, wo recherchiert wird und wie geprüft werden kann, welche Quellen als sicher oder seriös anzusehen sind.
Auch können ein paar einfache Hilfestellungen für die Recherche im Internet gegeben werden. (Kopiervorlagen und Hilfen, siehe S. 63 – Wie finde ich, was ich suche?)
Die Recherche sollte vor allen Dingen nicht ausufern!

SH 26

Nachschlagen im Internet
Auf dieser Seite werden einige seriöse und übersichtliche Webangebote vorgestellt. Deren Informationsangebot umfasst auch Anleitungen für eine (so weit wie möglich) sichere Profileinstellung in Facebook sowie Hinweise zum Urheberrecht (was geht - was nicht!).
Auf einigen Themenseiten des Schülerhefts werden weitere Adressen aufgeführt.
Mit Sicherheit werden Ihre Schülerinnen und Schüler "ihre Seiten" vorstellen, mit denen sie gute Erfahrungen gemacht haben. Dabei sollte immer gezeigt werden, worin deren Vorteile liegen und wodurch sich diese Seiten bewährt haben.

SH 62 - 63

Während der Recherchephase werden Sinn und Zweck des Kompendiums besprochen:
Das Kompendium anlegen und organisieren, SH 62-63

SH 18 - 22

Der Medienumgang der Jugendlichen
Die Auswertung der Diagramme zum Thema *"Generation online": Wie nutzen Jugendliche die neuen Medien und das Internet?* schließt sich an.

Die im Schülerheft abgebildeten Diagramme sind auf der CD im PDF-Format im Ordner "JIM-Studie 2012" abgelegt. Sie können diese den Schülern ausdrucken oder sie über eine Folie oder einen Beamer zur Auswertung projizieren.

Die Ergebnisse der JIM-Studie 2012 sind hier als Kapitel im Lehrerheft abgedruckt: »Generation Online«? Der Medienumgang der 12- bis 19-Jährigen in Deutschland. Zusammenfassung der JIM-STUDIE 2012, Jugend, Information, (Multi-) Media. (Lehrerheft, S 11ff.)

SH 18

Medienbeschäftigung in der Freizeit
Digitale Medien, die digitalisierte Daten übertragen oder wiedergeben wie Handy Internet, MP3 stehen bei der Medienbeschäftigung ganz oben.
Online-Medien wie Computer- und Konsolenspiele ergänzen die Offline-Möglichkeiten. Noch gering, aber erkennbar der Trend, Zeitungen/ Zeitschriften online zu lesen.
Auch vermischen sich die "Welten" immer mehr - tradierte analoge Medien sind nun auch online jederzeit und überall nutzbar (Musik - MP3, Filme, Video - Smartphone/ Handy/ Internet).

SH 19

Wichtigkeit der Medien
Musik, Radio, Internet stehen ganz oben - nach wie vor wird jedoch auch viel gelesen (!) oder ferngesehen.
Bei den Computerspielen fallen die männlichen Jugendlichen mit 63% auf.

Vergleicht man diese Werte zudem mit den non-medialen Freizeitaktivitäten (der "realen Welt"), dann ist unsicher, ob von einer „Generation online" gesprochen werden kann.
Die Medien sind in den Alltag der Jugendlichen integriert.

SH 20

Nutzung von Musikvideos
Der Trend ist klar: Jugendliche nutzen das Internet als Medium für die Musik. Hier muss sicher ergänzt werden: das Handy!

Viele der Eltern nutzen mehr oder weniger hauptsächlich die klassischen Medien. Vielleicht haben aber auch viele Jugendliche Eltern, die dem Nutzungsverhalten von Jugendlichen ähneln. Beim Handy/ Smartphone gibt es sicher signifikante Unterschiede.

Aktivitäten im Internet - Schwerpunkt Kommunikation: eigenes Internetverhalten?
Hier wäre es interessant, eine Gruppe damit zu beauftragen, das Klassenprofil auszuwerten.
E-Mails sind stark "out" - Chatten und Online-Communities, vor allem Facebook sind "in". SchülerVZ wurde zum 30.4.2013 abgeschaltet.

Gerätebesitz Jugendlicher - welches wird besonders intensiv genutzt?
Das Handy verdrängt PC, Laptop und Tablet PCs. Das Smartphone verdrängt Handy usw. Unterhaltung, Ablenkung und Kommunikation, überall und jederzeit, zentrale Jugendbedürfnisse, die dadurch befriedigt werden.
Darin könnte ein signifikanter Unterschied zu älteren Generationen liegen - zumindest in der Art und Weise und der damit einhergehenden Mediennutzung.

SH 21

Sprechen Sie an, ob das Smartphone (so wie bis vor ein/ zwei Jahren das iPod als tragbares Musikgerät) auch eine Frage des Status ist (fragen Sie nach, wie viele teure Smartphones nutzen - und was diese monatlich/ jährlich kosten).

Hinweis: Auf der CD findet sich ein Beitrag zum Thema „Schuldenfalle Handy!" („Vorsicht Schuldenfalle.doc“ im Ordner »Materialien«). Am besten kann dieser beim Thema "Faszination Handy" eingesetzt werden.

Kann anhand der Klassenumfrage, anhand der Analyse des Nutzungsverhaltens von einer „Generation online“ gesprochen werden?

Dafür spricht	Dagegen spricht
Nutzen vieler Online-Medien	Im Freizeitverhalten nach wie vor wichtig: Vereine, Freunde treffen u.a.
Facebook hoch im Kurs	Lesen, fernsehen, Tageszeitung lesen
Gleiche Statussymbole bei Jugendlichen	Auch viele der älteren Generation nutzen neue Medien intensiv
Musik, Kommunikation mit hohen Werten	Weitere, andere Eigenschaften machen die Identität aus
Medienbeschäftigung in der Freizeit	Es gibt viele Gemeinsamkeiten (Vereine, Kultur; u.a.) zwischen den Generationen
Jugendliche nutzen Internet/ neue Medien häufig, sie sind damit aufgewachsen, groß geworden	

SH 22

Haben sich die Anfangsüberlegungen (SH 2) durch die Untersuchung des Medienumgangs verändert?
Wenn Sie die Impulse zu den Unterschieden zu den Eltern (Seite 27) einbezogen haben, werden auch Ähnlichkeiten und Gleichheiten aufgeführt. Es wird aber deutlich, dass alleine das Medienverhalten keine Identität stiftet, weder individuell noch kollektiv.
Die Online-Welt gehört zur realen Welt, am deutlichsten macht dies die Verlagerung analoger Medien durch die Digitalisierung.
Allerdings kann bereits in diesem Stadium thematisiert werden, ob nicht vielfältige Reize und die Verfügbarkeit, die Unterscheidung zwischen einer realen und einer Online-Welt ein Stück weit rechtfertigen.

Einen "Generationen-Unterschied" gibt es, dieser wurde dadurch verursacht, dass Erwachsene erst nach und nach in die neuen Medien hineinwuchsen, diese oft mehr beruflich nutzen, während Jugendliche anders sozialisiert sind. Sie sind mit diesen groß geworden.In der Einstellung gegenüber Internet und neuen Medien zeigen sich große Unterscheide, für Ältere sind deren Möglichkeiten neben die tradierten getreten. Zudem zeigen sich Unsicherheiten und Ängste bei Erwachsenen und Eltern.

SH 23 - 61

Unterrichtsphase III – Erschließung und Vertiefung der Themenbereiche

Das Schülerheft enthält zu den meisten Themenbereichen Anregungen und Aufgaben sowie Infoseiten. Die Infoseiten oder Teile davon können kopiert und ins Kompendium übernommen werden.
Die Thementeile des Schülerhefts können als Module verstanden werden, um etwa nur das Thema „Datenspuren im Internet - Das Internet vergisst nichts“ oder die „Faszination Smartphone“ zu behandeln, verteilt auf Unterrichtsphasen im Lauf eines Schuljahres.

Im Kontext des Rahmenthemas bilden sie thematische Blöcke, die nacheinander in anderer Reihenfolge oder in reduziertem Umfang behandelt werden können. Ob dies gruppenteilig erfolgt, wurde zu Beginn festgelegt.

Natürlich müssen nicht alle Aufgaben oder Schreibaufgaben bearbeitet werden. Letztere verfolgen die Intention, den Themenbereich abzuschließen und wichtige Ergebnisse zu sichern.
So könnte vereinbart werden, dass jede Schülerin oder jeder Schüler drei Schreibaufgaben zu lösen hat: eine zu einem Thema, eine „übergreifende“, wie sie im SH z.B. im Argumentationsteil vorgestellt werden und eine frei gewählte.

SH 23 - 29

Thema Datenspuren - Das Internet vergisst nichts
Diese beiden Themen bilden einen Block.

SH 23

Thomas Plaßmanns Karikatur SECOND LIFE könnte als Visualisierung verwendet werden, da sie im rechten Bildteil, im Bildschirm den nackten, „durchleuchteten“ Menschen abbildet und Oberbegriffe aufführt, wie diese Datenexistenz im „zweiten Leben“ aussieht.

© Thomas Plaßmann

Vorschlag:
Die Karikatur vergrößert auf ein DIN A2 oder DIN A1 Blatt kleben und darunter ergänzen:

- PERS. DATEN
- WANN - WO
- VORLIEBEN
- KONTAKTE
- KONSUM
- FOLGEN

Im Unterrichtsgespräch passend dazu die Einträge vornehmen. So entsteht ein Lernplakat, dass im Klassenzimmer präsent bleibt.

? Zur Einstimmung sollte jede Schülerin/ jeder Schüler sich Gedanken machen, den Selbsttest im Internet durchführen und für sich die Fragen beantworten, die ihm die Konsequenzen seines Verhaltens bewusst machen sollen.
In Kleingruppen werden die Selbsttests besprochen - die verschiedenen Ergebnisse zeigen unterschiedliche Profile der Jugendlichen je nachdem, was diese online gestellt und preis gegeben haben.

SH 24

Deine Datenspur im Netz
Die Karikatur visualisiert, dass die „Datenkrake“ letztendlich durch mein Tun aktiv wird:
Wer online geht, gibt Daten von sich preis!
Daher gilt: Durch sein Verhalten kann man seine Datenspuren verringern und sein Profil „unschärfer“ gestalten.

Die Möglichkeiten des Selbstschutzes im Internet sind rasch aufgeführt: SH 25

- Gesetzliche Grundlagen, die den Datenschutz regeln. Diese werden jedoch oft ausgehöhlt (siehe Facebook u.a.) oder gesetzwidrig gebrochen (siehe PRISM -USA und Datenüberwachung durch den Britischen Geheimdienst, auch deutsche Sicherheitsbehörden verraten nicht alles, was sie tun, aber nicht dürften).
- Einstellungsmöglichkeiten zum Schutz der Privatsphäre in Communities
- Meldefunktionen (werden von den Sozialen Netzwerke inzwischen verbessert angeboten)
- Sicherheitseinstellungen, etwa im E-Mail-Programm (Verschlüsselung!)
- Firewalls, Spam-Filter, Antivirenprogamme

Das größte Problem ist jedoch der Mensch selbst, wenn er freiwillig, unbedacht, fahrlässig oder mitteilsam seine persönlichen Daten herausgibt:

„Es ist anscheinend ein Phänomen der Neuen Medien, und noch genauer des Mitmach-Webs – des Web 2.0 –, dass Privates heute öffentlich verhandelbar und vorzeigbar geworden ist. Vertrauliche, intime, persönliche Beziehungen werden aus den behüteten Räumen der Diskretion in der Netzwelt präsentiert."

(http://www.klicksafe.de/themen/datenschutz/grundlagenwissen/soziale-netzwerke-und-selbstdarstellung-im-netz/)

Dies gilt umsomehr für Jugendliche, die die Angebote des Mitmachwebs, insbesondere dessen Kommunikationsmöglichkeiten nutzen und Identifikationsmöglichkeiten ausprobieren - auf Kosten vieler persönlicher Daten.

Nachschlagen im Internet SH 26

Diese Infoseite stellt einige Möglichkeiten zur Recherche, als auch zum Informieren über Schutzmöglichkeiten vor. Weitere gute Seiten und Adressen werden von Schülern vorgestellt.

Das Internet vergisst nichts SH 27 - 29

SH 28

© Thomas Plaßmann

Der Titel legt drei Dinge nahe:

1. Was irgendwo und irgendwann von irgendjemandem an Daten über dich angelegt wurde, hat eine lange Lebenszeit.
2. Die Allgegenwart von digitalen Daten führt dazu, dass diese - ungewollt, fährlässig, missbräuchlich - online gestellt werden (früher tauchten auf Müllhalden immer wieder Datenblätter auf ...).
3. Alles, was ich im Internet tue und eingebe, bleibt dort; es gibt nur wenige Möglichkeiten, verbunden mit einem hohen Aufwand, solche Daten zu löschen oder löschen zu lassen.
4. Selbst was ich vertraulich im Internet unternehme, kann „mitgelesen" werden (bei E-Mail gängige Praxis).

Es geht jedoch nicht darum, das Internet zu meiden, es gilt,

- sein Verhalten kritisch zu überprüfen
- sparsam mit persönlichen Daten umzugehen
- zu berücksichtigen, dass „andere" mithören, mitlesen ...

Plaßmann trifft in seinem unnachahmlichen Stil den Nagel auf den Kopf: SH 28

> Immer mehr, darunter mögliche Arbeitgeber, schauen gerne in den Communities und im Netz nach, was da so steht. Während etwa „*Xing*" von vielen bewusst genutzt wird, um berufliche und geschäftliche Kontakte anzubahnen, ist dies bei Facebook weniger der Fall. In Xing werden nur solche Daten eingegeben, die dem Zweck dienlich sind.

?

Stelle dir vor...

Ich erinnere mich noch an die vielen schönen Kinderfotos, die ich von meinen Kindern schoss, um sie ihnen später einmal in Form eines Erinnerungsalbums zu schenken. Einige Kommentare meiner Kinder gingen dahin, dass sie nicht alle Bilder jedermann gezeigt sehen wollten!

Kopiervorlage

Rechtsanwalt Tobias Schäfer beschäftigt das Online-Stellen von Kinderbildern beruflich, so dass er seinen Mandanten und allen Eltern einen Rat mit auf den Weg gibt:

Liebe facebook-affine Eltern,

auf die Gefahr hin, mich als lehrmeisterhaft oder spießig dastehen zu lassen, muss ich jetzt dringend etwas loswerden: Mittlerweile hat sich das Posten von unzähligen Fotos eurer Kinder zu einem regelrechten Wetteifern entwickelt. Dort wo anfangs noch (meines Erachtens noch relativ unproblematisch) das Kind nach der Geburt auf einem Familienfoto den Freunden bei facebook präsentiert wurde, findet sich jetzt allzu oft das komplette Leben des Kindes in dem Profil der Eltern wieder.
Es mehrt sich der Eindruck, dass einige Eltern keinerlei Bedenken bei der Veröffentlichung teils höchstpersönlicher Bilder ihrer Kinder im Internet hegen.
Gerade bei sommerlichen Temperaturen scheinen Eltern die Hemmungen, ein Bild des Kindes zu posten, mit der Kleidung desselben abzulegen.
Ein möglicherweise fataler Entschluss: Es fragt sich, wie viele von den aktuellen Eltern sich früher (und noch heute) geniert haben, wenn die eigenen Eltern beim Kaffeeklatsch im recht engen Kreise die Kinderfotos hervorgezaubert haben. Selbst bei penibel gewählten Privatsphäreeinstellungen dürfte der „Verteilerkreis" auf sozialen Netzwerken im Vergleich zu Omas Kaffeekränzchen ungleich - in den meisten Fällen unüberschaubar - groß sein.
Nicht wirklich schlimm? Fragt doch mal eure Kinder, wenn sie ein paar Jahre älter sind und die Fotos von ihren Schulkameraden mit einem verachtenden Lachen auf die eigene Pinnwand gepostet bekommen.
Von noch schlimmeren Möglichkeiten als dem schon heute immer häufiger vorkommenden Cybermobbing mal ganz abgesehen...
Liegt es wirklich noch im Interesse des Kindes, hunderte potentielle Peinlichkeiten und Angriffspunkte zu schaffen?
Wer jetzt argumentiert, dass man Fotos schließlich auch wieder von Internetseiten löschen könne, vergisst, dass das Internet nicht vergisst. Schlimmer noch: Dritte, die die Fotos betrachten können, haben regelmäßig auch die Möglichkeit, sich diese Fotos auf ihren Rechnern zu speichern. Dass dies dann wieder zu einer bewussten oder versehentlichen Weiterveröffentlichung auf nicht absehbare Zeit führen kann, der man teils auch rechtlich nur begrenzt und sehr aufwändig entgegentreten kann, bedarf wohl keiner weiteren Ausführung.
Ihr alle seid stolz auf eure Kinder und wollt nur das Beste für sie. Dazu gehört selbstverständlich auch die Wahrung der Persönlichkeitsrechte eurer Kinder.
Wie wollt ihr euren Kindern den immer wichtigeren sorgsamen Umgang mit persönlichen Daten im Internet beibringen, wenn das Leben des Kindes schon vorher lückenlos online steht?
Das nackt am Strand spielende Kind von heute muss sich schon morgen gegen andere behaupten.
Noch mehr als in eigenen Belangen muss daher gelten: Erst denken, dann posten. Oder nicht?!?
Zum Schluss möchte ich vorsorglich noch klarstellen, dass ich hier keinen konkreten Einzelfall ansprechen und euch/Ihnen erst recht nicht auf die Füße treten wollte. Da ich aber oft genug beruflich mit Cybermobbing etc. zu tun habe und hautnah miterlebe, wie meine Mandanten hierunter leiden, finde ich einen rechtzeitigen bewussten Umgang mit sozialen Netzwerken besonders wichtig. Vielleicht fehlt so manchem bislang einfach das Problembewusstsein.

Rechtsanwalt Tobias Schäfer

Für Ihre Unterrichtszwecke dürfen Sie den Text gerne kopieren und ihren Schülern als „Musterantwort" zur Verfügung stellen.

SH 29

Flyer „Das Internet vergisst nichts"

„Das Internet vergisst nichts"

Datenspuren - Datenklau

- eigene Homepage
- Identifizierung durch IP-Adresse möglich
- in Blogs und Forenbeiträgen
- durch Verschicken im Internet
- auf Seiten von Bekannten/ Freunden
- durch Bestellungen/ Online-Einkauf
- durch Internetsuche
- durch Adressangaben in Formularen (Registrieren)
- über mein Handy / Smartphone (Apps, Standortdienste: Google Maps, Google Street ...)
- durch Bewegungsprotokolle, Spyware, die auf meinem Rechner installiert wird
- durch Datenpannen
- durch Datenspionage
- durch Abgleich verschiedener Datenbanken
- durch meinen Leichtsinn (Bankkonto, Pin-Nummern, Passwörter ...)

Mögliche Folgen / Missbrauch

- es entsteht ein Abbild (Profil) meiner Persönlichkeit, das verzerrt sein kann
- ständige Werbung
- meine Daten können von Versicherungen, Banken, Firmen usw. benutzt werden
- Arbeitgeber können schiefes Bild von mir erhalten - Probleme bei Bewerbungen
- unangenehme Bilder/ Texte/ Filme bleiben im Netz
- Anmache, sexuelle Belästigung
- Mobbing kann ermöglicht werden

Datenspuren in Sozialen Netzwerken

- durch meine Privatsphäreeinstellungen
- Veröffentlichen von Bildern, Videos usw. in Flickr u.a.
- zu großen (unsicheren) „Freunde"-Kreis
- Verlust der Übersicht
- Veröffentlichtes schwer zu entfernen

Vermeiden von Datenspuren (Vergessen-Tipps)

- Sein Verhalten kritisch überprüfen: was dürfen alle sehen, lesen?
- Sparsam mit persönlichen Daten umgehen
- Berücksichtigen, dass „andere" mithören, mitlesen ...
- Wie werden meine Bilder/ Texte in einigen Jahren bewertet?

Siehe Tipps, SH S. 25 „So schützt du dich".

Gestalten des Flyers

Ein Flyer dient der knappen, aber anschaulichen Information bzw. Werbung. Dementsprechend nehmen die Seiten verschiedene Informationen auf:

Variante ①, DIN A3 auf DIN A4, ergibt ein vierseitiges A4-Faltblatt. Durch die Größe kann anschaulich gestaltet werden, z.B.:

- Seite1: Aufmacher, zwei Beispiele, eine Karikatur.
- Seite 2: Sachliche Information, kompakt, siehe Gestaltung von Schülerheftseiten
- Seite 3: Tipps zum Vermeiden von Datenspuren als Visualisierung
- Seite 4: Das Wichtigste im Überblick

Die Varianten ② und ③, DIN A3 auf DIN lang, sind unterschiedlich gefalzt:
Die Seiten sind nun schmäler (14 statt 21 cm) und durch die Falzart liegen andere Seiten oben und hinten. Das muss beim Gestalten und Verteilen der Informationen berücksichtigt werden.
Die Informationen verteilen sich nun auf sechs schmälere Seiten. Bei Variante ② entsteht beim Aufschlagen eine übersichtliche Dreiteilung - hier sollten Beispiele - Ursachen und Lösungen sauber nebeneinander dargestellt werden. Die Vorderseite kann als Blickfang und Aufmacher gestaltet werden.

①
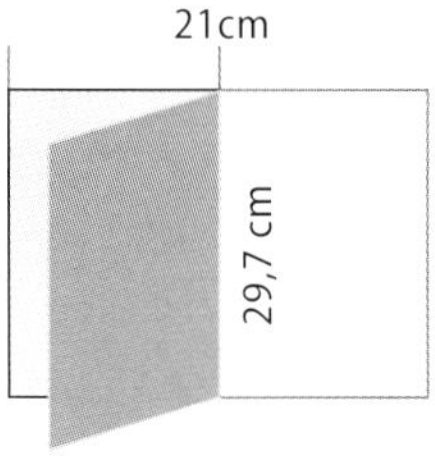

Faltblätter/Folder
DIN A3 auf DIN A4

②
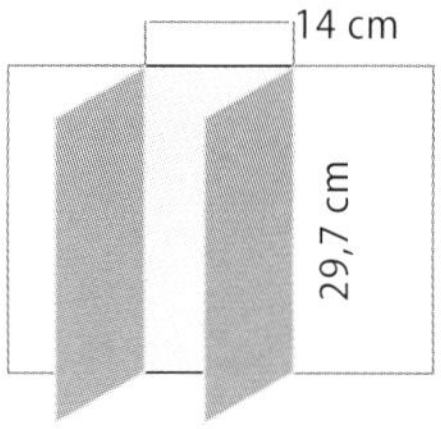

Faltblätter/Folder
DIN A3 auf DIN lang

③
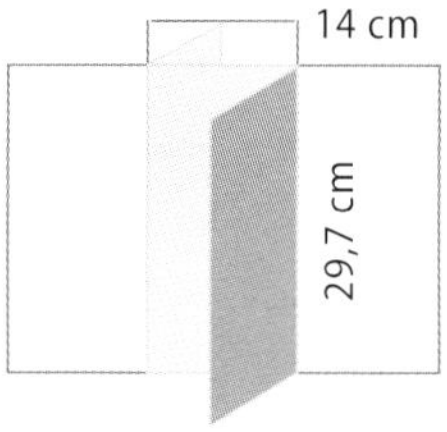

Faltblätter/Folder
DIN A3 auf DIN lang

Tipps:

- Verschiedene „Rohlinge" falzen und die Lage der Seiten ausprobieren. Auf diesen den Inhalt kurz skizzieren, Abbildungen- Textblöcke-Umrisse einzeichnen (Layouten).
- Karikaturen, Bilder, Quellen aus dem Kompendium und dem Schülerheft übernehmen, bzw. aus diesen zitieren und deren Quellen angeben!
- Diagramme nicht einfach abbilden, sondern deren wichtigste Aussagen in Sätzen ausformulieren und ergänzen.

SH 30 - 31

Web 2.0 - Social Media
Was ist Web 2.0?
Fragen Sie, ob einer Ihrer Schüler/innen die Grafik auf Seite 30 erklären kann.

- Web 2.0 ermöglicht es jedem Teilnehmer ohne große technische Probleme zum Sender zu werden.
- Inhalte von Webangeboten werden nicht nur von einem einzigen Anbieter bereitgestellt und von Empfängern konsumiert,
- vielmehr werden die Benutzer selbst zu Anbietern und die Interaktion untereinander zum eigentlichen Zweck des Angebots.
- Alle Medien sind multimedial digital integriert und können rasch, weltweit und in hervorragender Qualität bereitgestellt werden.
- Rückmeldungen zu Beiträgen sind jederzeit möglich,
- die Online-Enzyklopädie Wikipedia wächst z.B. dadurch ständig.

Hilfestellungen zu den Fragen auf Seite 30 - 31.
Bei der Beantwortung dieser Fragen werden sich deutliche Unterschiede bei Ihren Schülern zeigen, was vor allem auf die individuellen Erfahrungen zurückzuführen ist. Deshalb haben wir auch gefragt (SH S. 31), welche Prosumer-Möglichkeiten genutzt werden.

Flickr: Ein Web-Dienstleistungsportal mit Community-Elementen, das es Benutzern erlaubt, digitale bzw. digitalisierte Bilder sowie kurze Videos mit Kommentaren und Notizen auf die Website zu laden und so anderen Nutzern zugänglich zu machen. Flickr bietet die Möglichkeit, Fotos durch »Tags« zu bewerten, in Kategorien zu klassifizieren, zu sortieren, in sogenannte Pools aufzunehmen, nach Stichworten zu suchen, sogenannte Fotostreams anderer Benutzer anzuschauen. Mit Hilfe von

Suchmaschinen, die diese Daten gezielt auswerten, findet man trotz der Datenfülle relativ einfach das gesuchte Foto.

Instagram: eine kostenlose Foto-Sharing-App für Android und iOS-Geräte, mit der Nutzer (quadratische) Fotos erstellen und bearbeiten können, um sie anschließend in sozialen Netzwerken anderen, aber auch sich selbst zugänglich zu machen.

YouTube: ein erfolgreiches Internet-Videoportal, auf das User Video-Clips hochladen können, um diese kostenlos mit anderen Benutzern zu teilen. Auf dem Portal lassen sich über eine Suchmaschine Musikvideos, Film- und Fernsehausschnitte, aber auch selbst gedrehte Filme anschauen und anhören. Sogenannte „Video-Feeds" bzw. „Vlogs" können in Blogs gepostet oder auch einfach auf Webseiten eingebunden werden. Der (grammatikalisch falsche) Begriff lässt sich mit »deine Glotze«, »du Röhre« oder »du sendest« übersetzen. YouTube macht etwa 10 Prozent des weltweiten Datenverkehrs aus.

Hinweis: Diese Begriffserklärungen sind unserem "Online-Lexikon" entnommen, das sich auf der CD befindet. Sie können es als Nachschlaglexikon verwenden oder auch der Klasse zur Verfügung stellen. Alternative: Sie löschen alle Erklärungen zu den Begriffen – eine Expertengruppe erläutert die vorgegebenen (und eigene) Begriffe.

JIM-Studie 2012

Die Möglichkeiten des Web 2.0 über Blogs, Wikipedia, YouTube, Chat und soziale Netzwerke wie Facebook selbst zu publizieren, somit aus der Rolle des Konsumenten herauszutreten und zu publizieren, werden von Jugendlichen sehr unterschiedlich genutzt. Dies verdeutlichen auch die mpfs-Diagramme aus der JIM-Studie 2012 im SH auf S. 31.

Chatten und über Communities Nachrichten verschicken sind mit 75% und 74% die Favoriten. Fotos und Videos einstellen nutzen lediglich 8 -9%, Kommunizieren über Weblogs tun gerade einmal 4%, das Bereitstellen eigener Beiträge über Wikipedia erfolgt mit 1 bis 2% marginal.

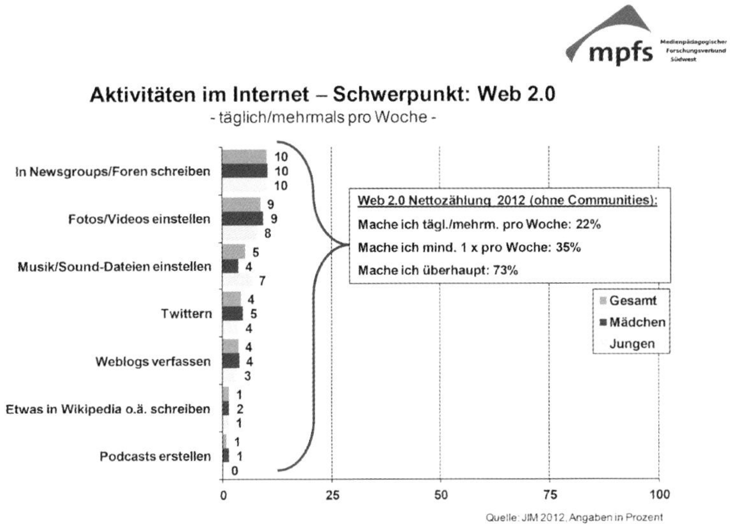

Am stärksten ist das Bedürfnis, sich über Facebook darzustellen und zu kommunizieren. Daneben werden die ins Internet integrierten multimedialen Angebote und Möglichkeiten (noch) hauptsächlich als Konsumenten genutzt.

Diese Umfragewerte bestätigen die Ergebnisse zweier Studien aus dem Jahr 2009.
Die Studien „Heranwachsen mit dem Social Web" (Landesanstalt für Medien Nordrhein-Westfalen, LfM) und „Das Internet als Rezeptions- und Präsentationsplattform für Jugendliche" von der Bayerischen Landeszentrale für neue Medien (BLM) wurden vorne bereits vorgestellt. (S. 17f.)

Beide stellen heraus:

- Jugendkulturelle Themen wie Musik sind wichtige Inhalte, über die sich die Heranwachsenden darstellen und über die sie mit anderen ins Gespräch kommen. Sie verorten sich in spezifischen Szenen, bekennen sich als Fans oder stellen ihre eigenen Talente etwa als Musikschaffende ins Zentrum.
- „Mit vielen bekannt sein" ist zu einer Art neuem Wert avanciert. Die Jugendlichen stellen sich im Kreis ihrer Freunde und Freundinnen dar, sie wenden sich an ihre Peergroup und sind auf der Suche nach neuen Kontakten.
- Es liegt den meisten Jugendlichen daran, möglichst authentisch zu sein.
- In ihren Artikulationen setzen die Heranwachsenden persönliche Akzente, z.B. indem sie über den Musikplayer auf myspace.com den eigenen Musikgeschmack demonstrieren. Mit Fotos oder Videos machen

sie deutlich, wofür sie sich interessieren und was ihnen wichtig ist. Das Artikulationsspektrum ist deutlich geprägt durch die Verwendung von Bildern, Tönen und Symbolen.
- Die Weiterverarbeitung von massenmedialen und anderen fremdproduzierten Inhalten zu eigenen „Werken", zu sogenannten Mash-Ups oder Collagen, ist eine sehr prominente Variante, um sich selbst, eigene Sichtweisen oder Positionen öffentlich zu machen. Massenmediale Angebote wie Fernsehsendungen, Videos, Musiktitel oder Versatzstücke daraus fungieren dabei als Mittel der Selbststilisierung.

Wie Fabian Krapp in seinem Beitrag (siehe S.9f.) feststellt, „ist es ein naheliegender Gedanke, nach Interessenslagen zu gruppieren – Nutzer treten in Kontakt mit Gleichgesinnten und kommunizieren untereinander, soziale Interaktionen entstehen: "Social Media" ist ein weiteres Schlagwort für Internet-Anwendungen, die auf die soziale Interaktion zwischen Nutzern ausgelegt sind und alle Inhalte lediglich in Form von Nutzerbeiträgen anbietet."
Folglich nutzen Jugendliche "ihren Raum" anders als Erwachsene. Communities wie Facebook sind die Welt, wo Jugendliche untereinander, von Erwachsenen (und Lehrern) abgeschottet, kommunizieren. Daneben entwickelt sich YouTube, erst 2005 gegründet, immer mehr zur "Bühne für Jugendliche", 10% des weltweiten Datenverkehrs entfallen auf YouTube!

Welche Risiken sind damit verbunden?

- Die Risiken im Web 2.0 sind (wie bereits gesehen) nicht unerheblich und sie wachsen durch die multimedialen Möglichkeiten.
- Beleidigungen, "Shitstorm" (englisch „Scheißesturm"; zusammengesetzt aus shit = „Scheiße" und storm = „Sturm"), ist ein immer häufiger auftretendes Phänomen in sozialen Netzwerken, Blogs oder Kommentarfunktionen. Die massenhafte öffentliche Entrüstung führt dazu, dass Menschen verleumdet oder fertig gemacht werden.
- Neue, belastendere Formen von Mobbing werden ermöglicht, das Cyber-Mobbing.
- Sicher vielen im Gedächtnis sind die juristischen und finanziellen Folgen unbedachter Party-Aufrufe Jugendlicher im Internet oder gar ein Lynchaufruf, bei dem sich herausstellte, dass ein Unschuldiger angegriffen werden sollte.
- Wer überprüft den Wahrheitsgehalt oder die Sachlichkeit und Qualität der Beiträge?
- Besonders zu beachten sind mögliche Urheberrechtsverstöße (hohe Kosten, Abmahnungen) und Verletzungen von Persönlichkeitsrechten (ich darf nicht einfach jemand fotografieren, filmen - und dies online stellen).
- Ein Beispiel, das zeigt, dass die multimediale Qualität auch zu Problemen führt:
  Eine Videosequenz über die Clique oder über das Hobby, stimmungsvoll unterlegt mit Musik.
  Die Musik, wenn nicht selbst komponiert, unterliegt deutschen und weltweiten Rechten!
- Nicht von ungefähr kommt YouTube immer wieder wegen Urheberrechts-Verletzungen in Schwierigkeiten.
- Das offene Netz hat seine Schattenseite: Da jeder publizieren und kommunizieren kann, können dies auch Rechtsradikale, Perverse, Pädophile.
- Im Jahr 2012 fielen Facebook, Youtube und Twitter wegen 5500 rechtsextremer Beiträge/ Inhalte auf. Es besteht auch das Risiko, dass Kinder und Jugendliche mit beeinträchtigenden und gefährdenden Inhalten konfrontiert werden, wie jugendschutz.net in seinem Jahresbericht 2012 feststellte.

Quelle: http://www.jugendschutz.net/materialien/bericht2012.html (Aufruf: 6.6.2013)

Was sind die Gründe, dass viele Web 2.0-Möglichkeiten nur wenig genutzt werden?

- Der wichtigste ist, dass der "Prosumer" auch produzieren muss. Infolge moderner Kameras, dem Allrounder Smartphone und zur Verfügung stehender und leicht zu bedienender Software wird dies immer einfacher. Aber: Es ist mit Aufwand verbunden.
- Es fehlt an Erfahrung - hier böte sich die Schule an, Angebote zu entwickeln, die über das Technische hinausgehen und Ausdrucks-, Gestaltungs- und Kommunikationskompetenzen fördern.
- Die Möglichkeiten sind noch jung - nach und nach werden sie sich durchsetzen.

SH
32 - 38

Soziale Netzwerke - Facebook
Dem Phänomen widmen wir einen umfangreichen Thementeil im Schülerheft.

Die Seite 32 fordert zur Stellungnahme über den Sinn und Zweck von Freundschaft heraus und stellt Online-Freundschaften den realen gegenüber.

Was ist anders mit den Freunden, die im Netz nur drei Klicks entfernt sind?
Worte wie *Freund* und *Freundschaft* werden heute rasch in den Mund genommen. Eine "Freundschaftsanfrage" in Facebook ist eher eine Formsache, eine Anfrage, sich den Betreffenden näher anzuschauen, denn eine innige Angelegenheit.

SH
32

Deshalb ist es wichtig, sich klar zu werden, was eine Freundschaft ausmacht:

- Gespräche führen, über alles reden,
- sich alles anvertrauen,
- dem Freund auch sagen, was einen stört, wenn dieser ungerecht ist,
- vielfältige Gesprächsthemen auch über die Zukunft,
- sich aufeinander verlassen können,
- zusammenhalten, wenn es einem schlecht geht,
- sich gegenseitig aufmuntern und Mut zusprechen,
- miteinander herzlich und viel lachen,
- gemeinsame Ziele und Pläne sowie Unternehmungen.

Eine **"Online-Freundschaft"** ist umso intensiver, je mehr sie dies im realen Kontakt ist. Sie ergänzt diese.

- Lockere Beziehungen können online aufrecht erhalten werden, da der Kontakt zu vielen gleichzeitig möglich ist.
- Kontakte zu Bekannten und Freunden, die weit weg wohnen, können aufrecht erhalten werden.
- Alte Freunde und Klassenkameraden sind oft nur über Soziale Netze auffindbar (Wer ist wo?).
- Der Bekannten- und Freundeskreis kann über das Internet erweitert werden.
- Über das Internet können persönliche Begegnungen und Freundschaften eingeleitet werden.
- Durch die Präsentation der Interessen können Kontakte zum Gedanken- und Erfahrungsaustausch entstehen.

In Summa ergibt sich eine Vielfalt an Vorteilen - die Intensität einer Freundschaft erreichen nur ganz wenige.

Am leichtesten tauschen sich die Jugendlichen in Kleingruppen aus, da hier leichter Unterschiede in der Intimität zwischen online-Freunden und realen Freunden angesprochen werden.

Aller Wahrscheinlichkeit entsteht ein Meinungsbild, das dem wissenschaftlicher Untersuchungen nah kommt:
Der Verdacht, digitaler Kontakt behindere und verdränge reale Kontakte, wird empirisch nicht gestützt. Menschen, die im realen Leben gesellig sind, sind dies dann auch auf Facebook. Ist jemand im realen Leben eher zurückhaltend, dann auch online. Die Entfremdung entsteht nicht in der virtuellen Welt, sondern hat wie die Formen der Computer- und Onlinesucht seine Wurzeln in der Persönlichkeit des Nutzers.
Außer Frage steht, dass wer in Twitter oder in Facebook zu viele Kontakte pflegt, diese nicht mehr überblickt und pflegt.
„Facebook und andere soziale Netzwerke im Internet können aber auch Kommunikation in Situationen herstellen, wo sie sonst nicht möglich ist. Bei Menschen, die stark unter dem sozialen Druck ihrer Umgebung leiden, kann Facebook oder andere Medien des Internets ein Tor in eine andere Welt bedeuten. Hier kann diese Möglichkeit der Kommunikation gerade die Mängel kompensieren, die Menschen in ihrer jeweiligen Lebenssituation erfahren. [...] wenn man zu wenig soziale Kontakte habe, könne man sie über Facebook erhöhen."
Martin Huber, Wissenschaftler erkunden soziale Netzwerke. Internetfassung: Ulrike Barwanietz
Quelle: http://www.swr.de/swr2/wissen/facebookforscher/-/id=661224/nid=661224/did=10938808/o7op6b/index.html (Aufruf: 14.2.2013)

Anregung: Wer will (dies kann auch ohne Namensnennung erfolgen), bringt seine Stellungnahme in eine Lesemappe ein.

SH 33

Klaus Raab gibt in seiner sehr positiven, ja euphorischen Facebook-Deutung einiges vor. Diese Seite dient dazu, das eigene Facebook-Verhalten zu reflektieren und den Blick kritisch zu schärfen.

?

Mit den Profil- und Sicherheitseinstellungen bin ich vertraut

In den letzten Jahren haben sich einige Probleme bei Facebook herauskristallisiert. Diese betreffen den Datenschutz, Fragen, wem eigentlich die eingestellten Daten gehören, die Auseinandersetzung darüber, dass ein Facebook-Konto nicht vollständig ohne Datenspuren gelöscht werden kann - "Einnmal bei Facebook, immer bei Facebook" und natürlich angesichts des milliardenschweren Börsengangs (auch wenn dieser dann floppte), welche Interessen hinter Facebook stehen.

Anregung:

Der Anteil der Jugendlichen, die ihre Facebook-Einstellungen so vornehmen können, dass nur Zugang hat, wer dies auch haben soll (Einstellen der Facebook-Chronik), und die sich mit den Privatsphären-Einstellungen mehr auseinandersetzen, wächst. Dennoch herrscht Aufklärungs- und Handlungsbedarf.

Wir verweisen in diesem Kontext noch einmal auf die Seite 26 Schülerheft und auf das Informations- und Broschürenangebot von klicksafe.de und anderen.

Die Einstellungsmöglichkeiten und deren Auswirkungen können von erfahrenen Mitschülern vorgestellt und demonstriert werden. Im Schulcurriculum sollte das Thema ein fester Baustein sein!

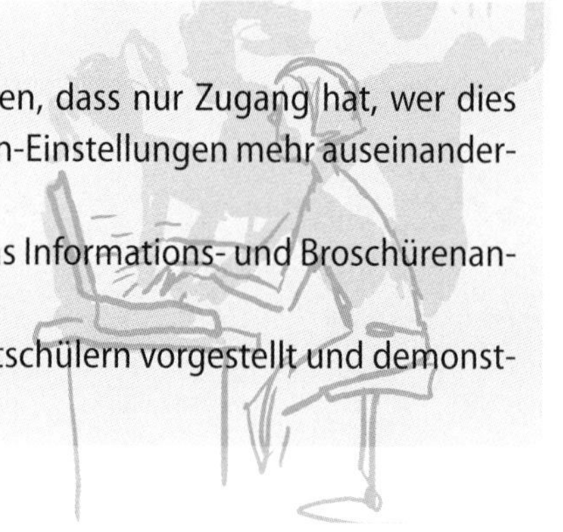

SH 34

Eine Facebook-Recherche

Diese Recherche kann von einer Gruppe durchgeführt werden, die ihre Ergebnisse dann in Form einer Übersicht allen zur Verfügung stellt. Hier ein Lösungsvorschlag zum Vergleichen:

Kopiervorlage

Facebook - das größte Soziale Netzwerk der Internet-Geschichte

So viele der deutschen Internetnutzer verbringen ihrer Onlinezeit bei ...

- 16 Prozent bei Facebook.
- 12 Prozent bei Google (inkl. Nutzen der Suchmaschine, Aufenthalt bei weiteren Google-Diensten wie E-Mail, YouTube und Google+)
- 5 Prozent bei Microsoft mit seinen Internetangeboten (Bing, MSN, Hotmail u.a.)

Quelle: Erhebung der Marktforschungsfirma comScore für den BITKOM Ende 2011

Unternehmen und Soziale Netze

47 Prozent aller Unternehmen in Deutschland setzen Soziale Netze ein.
Weitere 15 Prozent haben konkrete Pläne, damit in Kürze zu beginnen.

Quelle. Studie des Hightech-Verband BITKOM in 2012

Facebook, das am häufigsten genutzte soziale Netzwerk:

- 45 Prozent der Internetnutzer in Deutschland sind dort aktiv.
- Bei Stayfriends 17 Prozent,
- Bei „Wer-kennt-wen“ 12 Prozent und bei „StudiVZ“ 6 Prozent.

(Quelle: BITKOM-Umfrage unter 1.023 Internetnutzern in 2012))

Facebook-Nutzer weltweit

- 2011 geschätzt über 800 Millionen
- 2013 mehr als 1,1 Milliarden

In Deutschland nutzen 2013 fast 25 Millionen Nutzer regelmäßig Facebook.

Jugendliche und Facebook:

- 77% der Jugendlichen zwischen 14 und 15 J.
- 88% der Jugendlichen von 16 - 19 Jahren nutzen Facebook

Diese Daten gaben Jugendliche zwischen 12 und 19 J. in 2012 am meisten preis:

- 73% - Infos über Hobbys
- 65% - Eigene Fotos und Filme
- 50% - E-Mail-Adresse
- 42% - Fotos/ Filme von Freunden/ Familie

(Quelle: JIM-Studie 2012)

Nutzer-Verhalten

- Fast jeder fünfte Internetnutzer (18 Prozent) tauscht sich in Chats oder sozialen Netzwerken über seine aktuelle TV-Sendung aus. 77 Prozent surfen im Web, während sie fernsehen.

(Quelle: Studie von Goldmedia in Zusammenarbeit mit dem BITKOM in 2012)

- 24 Prozent der Internetnutzer in Deutschland sind Fan einer Marke oder eines Produkts in sozialen Netzwerken wie Facebook.
- Vor allem die Jüngeren bekunden in sozialen Netzwerken ihr Interesse für kommerzielle Angebote: Fast die Hälfte (48 Prozent) der 14- bis 29-Jährigen Internetnutzer ist Fan von Marken, Produkten oder bestimmten Dienstleistungen.

(Quelle: Repräsentative Umfrage im Auftrag des Hightech-Verbands BITKOM ergeben in 2013)

Nutzerprofil-Kenntnisse

- 56 % der 11- bis 16-Jährigen können ihre Privatsphäre-Einstellungen ändern
- 64 % können unerwünschte Nachrichten blockieren

(Quelle: EU Kids Online II-Bericht 2011)

Umsatz und Gewinn von Facebook

- 2011 auf mehr als vier Milliarden US-Dollar geschätzt
- Erstes Quartal 2013: 1,46 Milliarden Dollar
- Der Gewinn betrug in diesem Zeitraum 217 Millionen Dollar
- 85% des Umsatzes stammen aus der Werbung
- 18. Mai 2012: Facebook geht an die Börse und erzielt Einnahmen von 16 Mrd. US-Dollar. Obwohl die Aktien danach dramatisch an Wert verloren, ist dies der bisher größte Börsengang eines Internet-Unternehmens.
- 107 US-$: Auf diesen Wert wird ein Nutzerprofil bei Facebook geschätzt.
- 26,8 Mrd. € verlieren deutsche Unternehmen im Jahr, weil Mitarbeiter während der Arbeitszeit Facebook nutzen.

(Hochrechnung; Quelle: YouCom)

Quellen: Wikipedia, NDR, Bitkom-Studie Soziale Netzwerke

Diese Recherche zeigt, dass Facebook eine mächtige kommerzielle Position inne hat und Einfluss auf seine Nutzer nehmen kann.

Filmtipp:
Die Story im Ersten: Facebook. Milliardengeschäft Freundschaft
Film von Svea Eckert und Anika Giese

Wie funktioniert das Milliardengeschäft mit der Freundschaft? Wie verdient Facebook also mit seinem einzigen Produkt, den Daten der Nutzer, Geld? Und was geschieht im Hintergrund mit diesen Informationen? Der Film zeigt spannende Antworten – unter anderem von Mark Zuckerberg persönlich. Der Facebook-Erfinder gewährt einen exklusiven Einblick in seine Arbeit in der Konzernzentrale im kalifornischen Palo Alto.
Außerdem verrät der ehemalige Harvard-Student das Geheimnis des Facebook-Erfolges: "Ich habe neben Informatik auch Psychologie studiert. Diese beiden Fächer zusammen ergeben die DNS von Facebook. Wir sind eine Technologiefirma, die ein zwischenmenschliches Produkt entwirft."
Im Film äußern sich verschiedene Facebook-Nutzer, warum sie Facebook nutzen und wie sie mit ihren persönlichen Daten umgehen.
Überrascht waren die Autorinnen, wie die Polizei Hannover in einem Modellversuch über einige Monate per Facebook Verbrecher jagte.
Auch Werbeagenturen und Konzerne, die Facebook als Verkaufs-Plattform nutzen und so den Milliardengewinn möglich machen, kommen zu Wort.
Thilo Weichert, Datenschützer aus Schleswig-Holstein weist in einem Interview auf die "Sammelwut" von Facebook hin und bemängelt: "Facebook ist sehr aggressiv auf dem Markt und ignoriert bisher deutsches und europäisches Datenschutzrecht. Ich habe das Gefühl, Facebook hat sein Geschäftsmodell ausgebreitet, ohne sich um rechtliche Anforderungen zu kümmern".
Eine Produktion des NDR in Zusammenarbeit mit der BBC. Laufzeit: 44 Minuten.
Quelle: NDR
Der Film von Svea Eckert und Anika Giese wurde von der ARD auf YouTube bereit gestellt:
http://www.youtube.com/watch?v=wzdVlAfQSiY (Aufruf: 2.7.2013)

WWW

SH 34 - 35

Die Materialien der Seiten 34 -35 stellen einige der Chancen von Facebook vor.
Diese betreffen Möglichkeiten einer größeren Bürgernähe und der politischen Partizipation durch Transparenz und Verfügbarkeit. Sie belegen, welches Kommunikationspotential in den Sozialen Netzen steckt.

SH 38

Die Seite 38 informiert über einige rechtliche Fragen anderer Sozialer Netze, vor allem von YouTube, insbesondere über das Urheberrecht und Verletzungen im Jugendschutz.

SH 36 - 37

Facebook Pro und Kontra
Beide Leserbrief-Texte stammen von Jugendlichen unserer Testklassen. Calvin verteidigt Facebook insbesondere gegen verbreitete Bedenken - Jana stört die "Likeomanie" und damit verbundene Oberflächlichkeiten. Beide Texte sind sehr ansprechend und bieten anschauliche Pro- und Kontrapositionen zu Facebook und zu Sozialen Netzwerken.

Der Antwortbrief erfordert die persönliche Ansprache:
Liebe Jana,
ich finde deinen Leserbrief sehr ehrlich und möchte dir ...

lieber Calvin,
ich möchte dir auf deinen Leserbrief antworten und meine Gedanken zu deinen Überlegungen darlegen ....

Es muss Bezug auf vorgebrachte Argumente genommen werden. Diesen wird zugestimmt, mögliche Widersprüche, Erwiderungen oder auch Ergänzungen werden geäußert:

Deiner Meinung, nur das, was du wolltest, sei über dich im Netz gelandet, möchte ich insofern widersprechen ...

➲ Es folgen Hinweise auf Datenschutzproblem, Rechtsprobleme mit Facebook

oder

Liebe Jana,
ich verstehe deine Bedenken bezüglich des Smartphones. Viele nutzen es gedankenlos und ohne Inhalt. Dennoch möchte ich erwidern, dass ...

➲ Es werden einige positive Möglichkeiten der Nutzung angesprochen.

Am Schluss steht ein differenziertes Bild.

Vorschlag:
Eine Debatte über die Frage, ob die Möglichkeiten Sozialer Netzwerke (insbesondere von Facebook) in die Schule integriert werden sollen. Facebook - für Lehrer und Schüler eine Chance den Unterricht kommunikativ zu bereichern und Medienkompetenzen zu vermitteln?
Michaela Staleker, Schulleiterin der Schloss-Realschule Gaildorf, vertritte dazu eine eindeutige "Ja-Haltung", siehe *Facebook – Fluch oder Segen?* Welche Möglichkeiten gibt es, „Facebook" sinnvoll in die unterrichtliche Arbeit mit einzubeziehen? S. 21ff.
Diese Debatte kann durch eine Pro- und eine Kontra-Gruppe vorbereitet und vorgetragen werden oder durch die Beschäftigung mit Schülerbeiträgen unserer Testklassen erfolgen:

Auf der CD werden in der Datei „Debatte_Facebook_Unterricht.doc" im Ordner »Materialien« zwei Schülermeinungen wiedergegeben.
Darin äußern sich zwei Jugendliche kontrovers zum Thema und stellen ihre Positionen dar.
Diese Debatte bildet einen Baustein, die Möglichkeiten des Internets, hier eines Sozialen Netzes, daraufhin zu überprüfen, ob und wie es in die Schule integriert werden kann.

SH 39 - 46

Internetsucht - Onlinesucht - Sucht ohne Stoff?

Die Seiten 39 bis 46 im SH bilden einen Block. Nach der Beschäftigung mit der Möglichkeit einer stoffungebunden Abhängigkeit werden Computerspiele und zu lange Internetverweildauer als mögliche Gefährdungen angesprochen.

Gibt es eine Internet- oder Onlinesucht?

Noch vor wenigen Jahren beherrschten Berichte über Jugendliche und junge Erwachsene, die sich in Online-Spielen wie "World of Warcraft" oder "Everquest" in virtuellen Welten verloren, die Medien. Ängste vor einer "Computerspielsucht" oder "Onlinesucht" in Gleichsetzung mit stoffgebundenen Süchten schreckten auf.
Eine umfassende und wissenschaftlich gesicherte Analyse liegt auch heute (noch) nicht vor.

Inzwischen können sich Betroffene an spezielle Ambulanzen wenden, wenn das Kind (meist der Sohn) oder der Partner (meist männlich) den Bezug zum Leben verloren hat und wie bei Drogen-Abhängigen der soziale Abstieg mit der Zerstörung der Gesundheit einhergeht. Deren zunehmende Inanspruchnahme ist ein Indiz, dass Handlungsbedarf besteht.
Viele Fachleute sprechen nicht von einer Abhängigkeit, sondern von einer "**Impulskontrollstörung**", die hauptsächlich in der Persönlichkeit des Betroffenen selbst liege.

„Impulskontrollstörung", so wird in der Psychiatrie und der Klinischen Psychologie ein Verhaltensablauf bezeichnet, bei dem ein als unangenehm erlebter Anspannungszustand durch ein bestimmtes, impulsiv ausgeübtes, Verhalten aufgelöst wird. Nach der Beschreibung in der ICD-10 Klassifikation psychischer Störungen der Weltgesundheitsorganisation ist es „durch wiederholte Handlungen ohne vernünftige Motivation gekennzeichnet, die nicht kontrolliert werden können und die meist die Interessen des betroffenen Patienten oder anderer Menschen schädigen"
Quelle: http://de.wikipedia.org/wiki/St%C3%B6rung_der_Impulskontrolle

SH 41 - 42

Medienabhängigkeit – Computersucht, Onlinesucht, Computerspielsucht

Die exzessive Nutzung von Medien kann zu einer Abhängigkeit führen, bei der – ähnlich des Konsums von Substanzen – die Veränderung körpereigener biochemischer Prozesse durch wiederholte und exzessive Nutzung moderner Medien ausgelöst wird. Dies führt über eine Dosissteigerung hin zu einem Toleranzverhalten und kann schließlich im Kontrollverlust enden. Was anfänglich als stressreduzierend und angenehm wahrgenommen wurde, wird zur Falle. Der Wissenschaftsautor und promovierte Biophysiker Stefan Klein sieht unser Gehirn als Zielscheibe von Suchtmitteln, da sich unser Gehirn auf starke Reize "programmieren" lässt:

„Buchstäblich alles, was Freude macht, eignet sich als Gegenstand einer Abhängigkeit. Im Belohnungssystem kommt es nicht darauf an, ob Dopaminstöße chemisch durch eine Zigarette ausgelöst werden oder von klingelndem Geld, das ein Spielautomat ausspuckt. Hat man die Erfahrung, dass auf die Geräusche eines einarmigen Banditen Gewinne folgen, nur oft genug wiederholt, dann entsteht im Kopf eine Verknüpfung von der Art, wie sie bei Kettenrauchern zwischen Streichholzzischen und Nikotinzufuhr herrscht. Das Gehirn lässt sich auf jeden starken Reiz programmieren: Nach Casinos oder Triumphen bei Onlinespielen kann ein unstillbares Verlangen entstehen, nach Nahrung, nach Shopping, nach Sex."
Stefan Klein, Zielscheibe Gehirn: *Wie Sucht funktioniert.*
http://www.stern.de/wissen/mensch/zielscheibe-gehirn-wie-sucht-funktioniert-608293.html (Aufruf: 20. Januar 2008)

Reize auf das Belohnungssystem im Gehirn, Spielen in Gilden, der damit verbundene Gruppenzwang, das sind Kernbegriffe in der Diskussion, ob manche Online-Computerspiele abhängig machen können. Als bedenkenswert und dazu geeignet, Suchtpotenzial auszulösen, werden die immer ausgefeilteren Belohnungssysteme der Spiele bewertet, die Prestigegewinn in der Spielercommunity versprechen und einbringen. Das Zusammenspielen in der Gilde kann einen Gruppenzwang auslösen und eine lange Verweildauer erfordern. Schließlich förderten die grafisch realistischen virtuellen neuen Welten und Spielfiguren das Ausweichverhalten der Spieler vor Problemen.
Dies zeige sich darin, dass 2 bis 7 Prozent aller regelmäßigen Internetnutzerinnen und -nutzer einen problematischen bis pathologischen Umgang damit entwickelt haben – überwiegend männliche Jugendliche und junge Erwachsene, so die Bundeszentrale für gesundheitliche Aufklärung.

Medienkompetenz und Grenzen sind gefragt

Um die neuen Medien und deren Auswirkungen auf Kinder und Jugendliche verstehen und bewerten zu können, ist Medienkompetenz nötig.

Und genau hier liegt das Problem: Viele Eltern und auch ältere Menschen stehen den "virtuellen Welten" fremd oder unsicher gegenüber. Sie haben damit einfach zu wenig Erfahrung, sie nutzen die Möglichkeiten der neuen Medien anders und mit anderen Schwerpunkten als Kinder und Jugendliche. Zudem nehmen viele Eltern die Mediennutzung ihrer Kinder gar nicht wahr, sie reagieren überbesorgt und mit Unverständnis – oder gar nicht, selbst wenn ein Eingreifen und Grenzen setzen geboten wäre.

Eine Abhängigkeit entsteht immer aus einer Wechselwirkung zwischen der Persönlichkeit des Spielers, des Konsumenten und den Eigenschaften des Mediums. Deshalb sind Kenntnisse und Erfahrungen wichtig, um eine beginnende Abhängigkeit oder eine kritische Nutzung bewerten zu können. Das darf nicht zu einer Generalverurteilung von Computerspielen (und damit dem Spielen generell!) führen. Die Potentiale der neuen Medien und insbesondere der verschiedenen Formen digitaler Spiele dürfen nicht außer Acht gelassen werden:

Virtuelle Welten sind persönlichkeitsfördernd, sie tragen zum Entspannen und Genießen bei. So ist es nicht verwunderlich, dass die Dynamik im Bereich der Computerspiele, insbesondere bei deren Genres Abenteuer & Rollenspiele, Simulation und Strategie nicht nur Jugendliche fasziniert.

Massen-Mehrspieler-Online-Rollenspiele (Massively Multiplayer Online Role-Playing Game – MMORPG) wie „World of Warcraft" sind interaktiv und lassen die Spieler in der Gruppe (oder der Gilde) Abenteuer bewältigen, sie fördern bei vernünftiger Nutzung auch soziale Kontakte.

Was ist zu viel, was ist dienlich, ja fördernd – und was ist Flucht?

Letztendlich liefert die Fragenkombination „Was ist zu viel, was ist dienlich, ja fördernd – und was ist Flucht?" eine Orientierung: Ist das exzessive Spielen am Computer bereits ein Schritt in die Flucht vor den Nöten und Sorgen des Alltags, ist sie eine angewöhnte Verhaltensweise, die nicht mehr der Befriedigung der ursprünglichen positiven Bedürfnisse dienlich ist? Werden Freunde und andere wichtige Beschäftigungen und Kontakte vernachlässigt?

Wer wird computersüchtig?

Der Kindertherapeut Wolfgang Bergmann und der Hirnforscher Gerald Hüther beschäftigen sich seit langem mit den psychischen Auswirkungen der Online-Praxis von Kindern und Jugendlichen.[1]

Sie untersuchen, warum sich Jugendliche stunden-, ja tagelang im Netz verlieren.

Am Schluss ihrer Darstellungen widersprechen Hüther und Bergmann jedoch einer weit verbreiteten Meinung: „Für die meisten Menschen, für Eltern, Lehrer, sogar für Suchtberater ist es eine sehr einleuchtende Vorstellung, dass es die Drogen oder in unserem Fall eben die Computerspiele sind, die vor allem junge und unerfahrene Menschen süchtig machen. [...]

Es gibt zahllose Kinder und Jugendliche, die Computer benutzen und auch Computerspiele und auch die ganz besonders faszinierenden neuesten Entwicklungen ausprobieren. Aber süchtig werden davon nicht alle. Süchtig werden nur manche. Die entscheidende Frage ist also nicht, was süchtig machen kann, sondern wer aus welchem Grund süchtig wird."

So kommen die Autoren zu einem - viele vielleicht überraschenden - Urteil:

„Es ist nicht die heimtückische Droge und auch nicht das auf Faszination optimierte Computerspiel, es sind auch nicht die Hersteller und Anbieter dieser »Suchtmittel«. Der »Feind« ist vielmehr all das, was eine wachsende Zahl von Kindern und Jugendlichen in der von uns gestalteten Lebenswelt etwas ganz Entscheidendes vermissen lässt. Offenbar wachsen viele von ihnen inzwischen unter Bedingungen auf, die Ihnen nur wenig Möglichkeiten bieten, ihre wirklich wichtigen Bedürfnisse zu stillen."

1 Wolfgang Bergmann/Gerald Hüther: Computersüchtig: Kinder im Sog der modernen Medien. Beltz Verlag, Weinheim und Basel. 3. Auflage 2010. S. 126f.

WWW

Informationsmöglichkeiten über Computerspiele

Die Bundesprüfstelle für jugendgefährdende Medien stellt auf ihrer Netzpräsenz übersichtlich und differenziert die Formen, Inhalte und mögliche Gefährdungen durch Computerspiele vor:

- *http://www.bundespruefstelle.de/bpjm/Jugendmedienschutz-Medienerziehung/computer-konsolen-spiele.html (Aufruf: 2.7.2013)*

Sehr zu empfehlen ist auch die Broschüre „Jugend trifft sich in Clans und Gilden."
Ergebnisse einer Befragung junger OnlinespielerInnen" von Maren Würfel, Jan Keilhauer unter Mitarbeit von Matthias Kießling der Universität Leipzig, die unter

- *http://www.uni-leipzig.de/mepaed/sites/default/files/MeMo_OSR07.pdf heruntergeladen werden kann. (Aufruf: 14.3.2013)*

Impulstext 2

Anknüpfend an Impulstext 2, in dem Prof. Stefan Aufenanger Suchtprobleme mit Online-Rollenspielen anspricht und vor einer möglichen Internetabhängigkeit warnt, untersuchen die Schüler, was eine Abhängigkeit ausmacht und welche Folgen diese hat.

SH 39

Handlungen, die ein Suchtverhalten andeuten - Beispiele:

1. *Ins Internet gehen und sich zeitlich verlieren, obwohl man eigentlich etwas anderes tun möchte, aber keine Lust dazu hat*
2. *Stundenlanges Spielen, dadurch Vernachlässigen der Aufgaben, der Familie, der Gesundheit.*
3. *Einfach etwas Neues entdecken, ausprobieren - und dabei viel Zeit verlieren, so dass man hinterher ein schlechtes Gewissen hat*

Wie kommt es dazu

Die Erfahrungen und Beobachtungen sollen ausgewertet werden:

1. *Einer unangenehmen Stimmung oder Gemütslage ausweichen wollen*
2. *Die Angebote und Reize nehmen "gefangen", immer ist irgendwo immer was los, was ablenken kann*
3. *Interesse, Spieltrieb, Suche nach Ablenkung*
4. *Persönliche Veranlagung*

SH 40

Deutung der Karikatur
Verhaltensweisen

Bildsymbolik: Ketten - der junge Mann wird gewaltsam festgehalten.

- Er ist gefesselt an seinen PC und spielt - draußen geht das Leben ohne ihn weiter.
- Er versinkt selbstvergessen.
- Pizzareste - der Zeitbezug geht verloren;
- Essen beim Spiel, völlige Besinnung auf den Reiz des Spielens.

Mögliche Folgen

- Vernachlässigung von Aufgaben, Pflichten, Kontakten.
- Rückzug von Freunden, von der Familie ...
- Das Spiel diktiert den Tagesablauf - aus dem Zweck (Entspannung, Spaß ...) wird eine Abhängigkeit.
- Er integriert sein Leben ins Computerspielen!

Ob eine Abhängigkeit vorliegt, wäre nach den dargestellten Schritten in die Abhängigkeit zu prüfen.

Computerspiele - Meinungen prallen aufeinander
Diese Doppelseite stellt ohne Wertung verschiedene Aussagen und Positionen nebeneinander.
Als Vorbereitung auf die Debatte könnten Schüler aus der Klasse, die gerne spielen, einige Computer-Spielformen vorführen (Konsole, Online, Apps ...) und kommentieren.

SH 41 - 42

Die Debatte muss sachliche Argumente aus den Quellen ableiten und berücksichtigen, dass nicht das Spiel, sondern letztlich das Verhalten des Spielenden problematisch ist.

SH 43

In den letzten Jahren wird in der Suchtdebatte eine Verlagerung deutlich:
Anstelle einer Computerspielsucht werden nun stärker die "zu lange Verweildauer" und "allgegenwärtige Verfügbarkeit des Internets" problematisiert, wie die Quellen auf der Seite 43 verdeutlichen. Dies spiegelt sich auch im Suchtbericht der Bundesregierung vom Mai 2013 wider, der wie die Bundeszentrale für gesundheitliche Aufklärung einen exzessiven Computerspiel- und Internetgebrauch bei Jugendlichen feststellt.
Anknüpfend an die Diskussion um Computerspielsucht, stehen dabei die Verweildauer und deren schädlichen Folgen im Mittelpunkt.
Besonders problematisiert wird die ständige Verfügbarkeit des Internets durch die mobile Internetnutzung, durch die Möglichkeiten des Handys und Smartphones nun jederzeit und überall verfügbar.
So beruhigt der Vergleich „Jugendliche in Europa" einerseits, aber auch er spricht von 9,7%deutscher Jugendlicher, die ein dysfunktionales Internetverhalten aufweisen. Dysfunktional bedeutet, dass es missbräuchlich und schädlich ist. Das Betätigen des Aus-Knopfes gelingt häufig nicht mehr.

Bei der Formulierung von Regeln einer sinnvollen Internet-Nutzung, die auch zeigen, wie und wann der "Aus-Knopf" zu finden ist, werden die Informationen der Quellen von S. 43 einbezogen:
Die zentralen Stichworte der „Elterninitiative gegen Rollenspielsucht" und die Aufgabenformulierung weisen den Weg, die Netzplattform "Das andere Leben" auf *www.ins-netz-gehen.de* gibt Anregungen dazu:

Frühzeitig und selbstbestimmt den Aus-Knopf finden. Spaß und Genuss bleiben erhalten.

Meine Verweildauer festlegen und kontrollieren: 7 - 8 Stunden/Woche? nicht mehr als 2 Stunden am Tag Pause einlegen Smartphone zu best. Zeiten ausschalten.	Ich entscheide: Den Wecker stellen. Ich muss nicht immer reagieren wenn etwas geschieht. Mit Ziel und Absicht online gehen: Recherchieren, chatten Kontakte pflegen ...	Spielen, weil ich spielen möchte! Prüfen: Gehe ich jetzt chatten, in Facebook ..., um mich von einer Unruhe, Unlust abzulenken? Ich habe danach kein ungutes Gefühl. Prüfen: Wozu bin ich gerade online?

Empfehlung:
Bundeszentrale für gesundheitliche Aufklärung (BZgA):
Online sein mit Spaß und Maß. Elternratgeber zum richtigen Umgang mit digitalen Medien.
Köln 2011
Auf der Seite http://www.bzga.de/infomaterialien/suchtvorbeugung/ kann die Broschüre herunter geladen oder bestellt werden.

SH 45 **Warnung vor dem Internet**

Ein wunderbarer Fund!

Die "Provokationen", jugendlich gepfeffert und verpackt, regen sicher an und enthalten schöne Alternativen zur Online-Präsenz.

SH 46 **Das Tankmodell**

Das Tankmodell von Christoph Lagemann geht von einem „Seelenvorrat" aus, einem Repertoire, mit dem der Mensch auf angenehme aber auch auf unangenehme Situationen seiner Umwelt reagieren kann.

Menschen brauchen einen Vorrat an „Treibstoffen" in ihrem „Tank", damit sie für das Leben gerüstet sind und sich wohlfühlen. Gute Gefühle wie Liebe und Geborgenheit, Freundschaften und Freiheit usw. füllen diesen „Seelentank". Wie alle Tanks, ist auch dieser mal mehr, mal weniger gefüllt. Wie bei allen Tanks ist es natürlich auch notwendig aufzutanken.

Die Fragen, die dieses Modell beantworten möchte, sind:

- Was sollte ein Tank enthalten, damit es einem Menschen gut geht und er gegen Risiken geschützt ist?
- Woher bezieht der Mensch den Tankinhalt?
- Welche Tankstellen hat er dafür?
- Was geschieht, wenn der Tank leer ist?
- Wodurch kann dieser Tank verschlossen werden?

Schülerinnen und Schüler finden leicht persönliche Tankinhalte:

- Liebe, Geborgenheit
- Freundschaften
- intaktes Familienleben
- Erfolg
- Rückhalt und Verständnis
- Anerkennung
- Zufriedenheit
- Unbeschwertheit
- Zeit haben
- Erlebnisse
- Lust, Genuss
- Leidenschaft, Abenteuer
- Respekt, Wünsche
- Bedürfnisse, Hoffnungen
- Wohlgefühl

Unsere Tankstellen:

- Familie
- Freunde
- Partnerschaft
- Familie
- Freunde
- Schule/Beruf
- Sport
- Hobby
- Genussmittel
- Freiräume
- besondere Orte
- Natur

Vorschlag:

Vielleicht kann jemand für eine gewisse Zeit ein kleines transparentes Kunststoff-Apfelsaftfass entbehren.

Mit diesem lässt sich Lagemanns Vorschlag, den menschlichen Tank mit den richtigen Inhalten zu füllen, demonstrieren, und für jeden sichtbar mit Vorschlägen auf farbigen Kärtchen füllen.

Cyber-Mobbing
Julian Cohn hat für uns einen Beitrag verfasst, in dem er sich mit der Entstehung seines Films auseinandersetzt.

SH 47 - 49

Kopiervorlage

Cyber Mobbing – Der Film

Julian Cohn

„Cyber Mobbing". Als ich Ende 2010 begann, mich im Rahmen der Recherchearbeit für den gleichnamigen Film mit diesem Thema auseinanderzusetzen, war das für mich ein ziemlich unbekannter Begriff. Natürlich kannte ich „Mobbing", natürlich kannte ich die „Happy-Slapping-Videos", in denen ahnungslose Passanten angegriffen wurden, das Ganze gefilmt und dann im Internet einer breiten Masse präsentiert wurde. Zu diesem Zeitpunkt stellte ich mir unter diesem Phänomen allerdings mehr eine in ihrer Schadensmöglichkeit deutlich überschätzte Bezeichnung für das gegenseitige Anpöbeln in „Chats" und auf „Pinnwänden" sozialer Netzwerke vor. Dies kam meines Wissens nach vor, war aber eher selten und dann häufiger auch nur halbernst gemeint.

Ich wurde allerdings schnell eines Besseren belehrt: Im Rahmen der Recherche sprach ich mit ungefähr einem Dutzend Sachverständiger und Experten zu diesem Thema. Angefangen bei einem Schulsozialarbeiter über diverse Medienpädagogen, Medienwissenschaftler und Polizeipsychologen bis hin zu einem amerikanischen Vater, dessen Sohn durch Cyber Mobbing Attacken in den Selbstmord getrieben wurde, der Blick, der sich mir nach den Gesprächen auf diese Thematik bot, war erschreckend: Das Thema war viel akuter, viel präsenter, als ich zu Anfang dachte. Jugendliche schienen und scheinen beinahe absolut autonom im Internet unterwegs zu sein. Zwar versuchen einige Eltern ihre Kinder zu kontrollieren, scheitern jedoch meistens am technischen Verständnis. Sei es der Rechner an sich oder die Fähigkeit, sich in sozialen Netzwerken und Instant Messengers zurechtzufinden. Oft würde wohl ein einfaches Verständnis der Funktionsweise dieser genügen, allerdings ist selbst das äußerst selten. Ähnlich sah es damals von pädagogischer Seite her aus: Das Gefahrenpotenzial des Internets wurde immens unterschätzt oder zumindest viel zu spät als solches erkannt und erst recht wurde hier zu spät reagiert. Als Folge blieben lediglich die Möglichkeit der Reaktion auf Einzelfälle und Präventionsprojekte, wie beispielsweise Vorträge an Schulen, in Klassen etc. Als eines dieser Präventionsprojekte entstand der Film „Cyber Mobbing".

Ein weiterer Punkt, der mir bei den Recherchen immer wieder begegnete und mir die Gefahr dieser Art des Mobbings deutlicher machte, war die hohe Dunkelziffer: Cyber Mobbing geschieht in besagtem, häufig jugendlich autonomen Raum. Das Resultat daraus ist ähnlich dem Mobbing in der Realität: Die Opfer schweigen, ertragen die Attacken der Gleichaltrigen, bis es nicht mehr geht oder Hilfe von „außen" kommt. Im Fall des amerikanischen Jungen entdeckte man erst nach seinem Selbstmord, dass der Junge wochenlang über das Internet von seinen Mitschülern verbal angegriffen wurde.

Warum es hier eine so hohe Dunkelziffer gibt, kann ich nur mutmaßen: Gemobbt zu werden, ausgestoßen und nicht akzeptiert zu werden, ist wohl eines der schlimmsten Gefühle von Schwäche im Teenageralter, sodass sich die Opfer von Cyber Mobbing eher zurückziehen, als mit ihren Problemen an eine Vertrauensperson heranzutreten.

Als ich im Januar 2011 mit dem Schreiben des Drehbuchs begann, stellte ich mir die Frage: Wie lässt sich diese Thematik, die bereits in einigen Filmen behandelt wird, neu bzw. anders darstellen und besser vermitteln? Ich dachte an diverse „Doku-Soap"-Formate, die enorme Einschaltquoten hatten und anscheinend, auf ihre eigene Art, Beachtung fanden. Des Weiteren waren da die Videos auf diversen Videoplattformen, die mit ihren realen Inhalten großen Anklang vor allem bei jüngerem Publikum fanden. Warum also nicht das „Scripted-Reality"-Format das tun lassen, was es am besten kann: Personen charakterisieren und Situationen vorstellen? Wenn das dann geschehen ist, sollte der Film einen Wechsel zum Szenischen hin vollziehen und hierüber die emotionalen Teile der Geschichte erzählen.

Die Story ist eine Geschichte, wie sie jederzeit auch real hätte passieren können. In meinen Recherchen klang sehr häufig durch, dass das Mobbing via Internet in den meisten Fällen von Mädchen (-gruppen) betrieben wird. Hier würde das verhältnismäßig harmlose Lästern in Gesprächen auf dem Schulhof oder über kleine Zettel im Unterricht in die dimensional weitaus größere Welt des Internets verschoben. Oft ohne sich den wirklichen Ausmaßen dieser größeren Dimension überhaupt bewusst zu sein. Hier liegt wohl auch die größte Gefahr: in der Unterschätzung. Dass man als Teenager die Möglichkeit hat, vom Schreibtisch aus mit nur einem Klick theoretisch die ganze Welt zu erreichen, ist kaum zu begreifen. Und präzise Attacken gegen eine Person lassen sich auf „verbaler" Ebene wohl am besten so realisieren.

© Fotos: Medienwerkstatt Biberach, 24ff.

Cyber Mobbing -
produziert im Auftrag des Landesmedienzentrums Baden-Württemberg. 19:30 Min.
Die Youtube-Version des Filmes „Cyber Mobbing" ist ausschließlich für den privaten Gebrauch vorgesehen. Unter info@medistatt.de kann eine DVD bestellt werden.
http://www.youtube.com/watch?v=gihJX4v10vc
Der Film inkl. Unterrichtsmaterial kann beim Landesmedienzentrum Baden-Württemberg mit Unterrichtsmaterialien ausgeliehen werden.

Die Handlung
Im Film begegnen wir den Freundinnen Laura und Mara. Laura hat sich in Lars verliebt, ist aber zu schüchtern ihn anzusprechen. Also erstellt Mara unter Lars Namen einen „Fake-Account" in einem Instant Messenger und schreibt Laura an, um ihr die Hemmungen gegenüber Lars zu nehmen. Diese fällt darauf herein und traut sich schließlich Lars anzusprechen, der sie irritiert abweist. Mara gesteht Laura ihre „Tat" und es kommt zum Streit zwischen den beiden. Daraufhin schaltet sich Jenny ein, die Mara schon seit langem „eins auswischen" will und benutzt Laura für ihren Rachezug. Begleitet wird die Story von einem Kommentator, der, ähnlich den „Scripted-Reality"-Formaten, die Haltung des Zuschauers gegenüber den Protagonisten beeinflusst.

Der Film wurde von und mit der Medienwerkstatt Biberach (www.medistatt.de) produziert, die sich ausschließlich aus Jugendlichen unter 22 Jahren zusammensetzt. Das offene Ende des Films regte schon am Set Diskussionen mit Crew und Cast über den weiteren Verlauf der Geschichte an und bestätigte schon vorab die Entscheidung als richtig.
Als der Film im November 2011 auf den Biberacher Filmfestspielen seine offizielle Premiere feierte, blieb es nach dem Film eine Zeit lang ruhig im Saal. Erst nach einigen stillen Minuten kam die erste Frage: „Was kann man dagegen tun?"

SH 47 - 49

„Cyber-Mobbing - schon wieder so eine Modewort ..."

Der Brief soll den Behauptungen widersprechen:
Modewort - kleines Problem aufgebläht - übertrieben
Damit ist bereits seine Gliederung vorgegeben. Die Argumente dazu werden den Infoseiten 47 - 49, eigenen recherchierten Materialien und falls erfolgt, der Filmanalyse entnommen.

Der Antwort-Brief führt in seiner Einleitung die - unbewiesenen - Behauptungen auf:
Sehr geehrter Schreiber,
Sie haben kritisiert, dass "Cyber-Mobbing" ein Modewort ist, mit dem ein eigentlich kleines Problem aufgebläht wird.
Ich weiß nicht, wie Sie zu diesen Behauptungen gelangen und möchte Ihnen in diesem Brief widersprechen.

Der weitere Briefverlauf:
- Klären, was Cyber-Mobbing ist,
- Fakten, wer und wie viele betroffen sind ⇨ Schlussfolgerung: kein kleines Problem
- wer die Täter (Mobber) sind ⇨ Daher kein Modewort!
- zeigen, warum Cyber-Mobbing gefährlicher sein kann als herkömmliches Mobbing.

Kritik üben:
Wer das Problem verharmlost, trägt dazu bei, dass sich Cyber-Mobbing ausbreiten kann.
Wichtig sind sachliche Aufklärung, Bewusstsein und Aufmerksamkeit der Menschen schärfen.
Daher zum Abschluss auffordern, bei Mobbing wie Cyber-Mobbing Zivilcourage zu zeigen!
Positiv formulieren: Jede Hilfe für den Einzelnen zählt.
Nur als Aufzählung einige Möglichkeiten dazu aufführen.

Sprache - Stil:
Persönlicher Bezug, um nicht schroff zu wirken und den - voreingenommen - Schreiber zu erreichen, nicht besserwisserisch auftreten:

Ich möchte Ihnen zeigen, wie ich persönlich ... ,weil ich persönlich Fälle kenne ...
Ich möchte Ihnen einige wichtige Fakten vorstellen ...
Jeder Betroffene, jedes Opfer leidet, ist hilflos, da es ......
Ich hoffe, Ihnen ...

Faszination Smartphone

SH 50 - 56

Auf der Begleit-CD ist im Ordner »Materialien« der Beitrag "Faszination Smartphone.doc" abgelegt. Er erklärt im ersten Teil, worin der Reiz des Smartphones liegt, im zweiten Teil gibt er einen Überblick des langen Wegs zum Smartphone mit interessanten Daten und Fakten zur Telekommunikation: Gerade für Schüler mit technischen Interessen bietet diese Übersicht einen eigenen Zugang zum Thema. In der Tat lässt sich erst aufgrund der historischen Dimension ermessen, wie sich die digitale Revolution in den letzten beiden Jahrzehnten beschleunigt hat. Vieles, was für die Generation so selbstverständlich ist, ist erst seit wenigen Jahren verfügbar und Endprodukt einer langen Entwicklung!

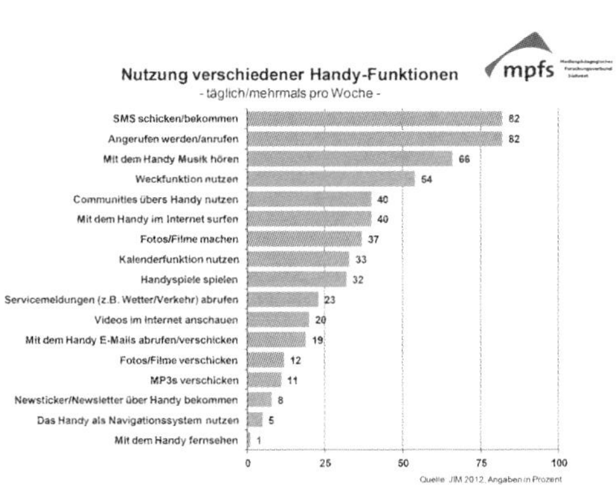

SH 50

Der Siegeszug des Smartphones ist faszinierend und erschreckend zugleich. Er ist das Netz und die Multimedia-Maschine in der Hosentasche (danach richtet sich in der Tat die maximale Größe bei den Herstellern) und er scheint zu *der* Umsatz- und Profitmaschine zu werden.

Das Diagramm ist bereits ausgewertet, um den Schülern ein Beispiel zu geben, wie Diagramme in Sätzen vertextet und in eigene Argumentationen eingefügt werden können.

Wozu benötige ich ein Smartphone?

SH 51

Von den meisten Jugendlichen wird das Smartphone verwendet,

- um für andere erreichbar zu sein (passiv kommunizieren)
- um mit anderen Kontakt aufzunehmen (aktiv kommunizieren)
- um sich im Internet zu informieren
- um den Alltag, die Schule usw. zu organisieren
- zur Unterhaltung (Spiele, Musik, Videos usw.)
- um soziale Kontakte herzustellen / zu pflegen (z. B. Facebook)
- als Statussymbol

Da es bei diesem Erhebungsverfahren nicht um einen objektiven statistischen Wert, sondern um die subjektive Einschätzung in einer Klasse geht, genügt ein einfaches Verfahren, um ein Nutzungsprofil herauszuarbeiten und um den Schülern das jeweils individuelle Nutzungsverhalten bewusst zu machen: Jeder Schüler hat drei Werte (A, B, C), er muss sich also entscheiden, was vermutlich am häufigsten bzw. am wichtigsten für ihn ist.
Das kann durchaus auch in € ausgedrückt werden, denn es ist sinnvoll, die monatlichen Kosten dem geschätzten Nutzwert gegenüber zu stellen, um das Kostenbewusstsein zu schärfen.

Kostenfalle
Immer mehr Jugendliche tappen in die Kostenfalle! Viele Jugendliche haben über 1.400€ Smartphone-Schulden!

Die Bewertungen werden gezählt und auf der Tabelle festgehalten.
Im Allgemeinen haben die Schüler meist ein erstaunlich gutes und ehrliches Einschätzungsvermögen, das zugleich auch das eigene Nutzungsverhalten widerspiegelt. Dieser pädagogisch-psychologische Umweg schließt nicht aus, dass man im Anschluss an die Erhebung thematisiert, inwieweit auch in der konkreten Klasse das Smartphone als Statussymbol funktioniert.

Im Materialien-Ordner wird in der Datei "Vorsicht Schuldenfalle.doc" die Arbeit von Schuldnerberatern vorgestellt, weil immer mehr Jugendliche durch Handy-Verträge in Schuldenfallen geraten. Bei Bedarf kann damit die Thematik "Schuldenfalle Handy" etwas vertieft und nach Vorschlägen gesucht werden, wie zu hohe Ausgaben vermieden werden können.

http://www.handysektor.de
Werbefreies Informationsangebot für Jugendliche der Landesanstalt für Medien Nordrhein-Westfalen (lfm) und des Medienpädagogischer Forschungsverbund Südwest (mpfs). Die sichere Nutzung von WLAN, Mobiltelefon, Notebook, Game Konsole, Bluetooth usw., Informationen zu verdeckten Kosten, Rechten als Kunden und gesundheitlichen Risiken, die sich in mobilen Netzen ergeben können.

WWW

Absolutes Handyverbot an Schulen?

SH 52 - 56

Wer im Internet die Wörter *Handy-Verbot Schulen* eingibt (ohne Anführungszeichen!), erlebt eine Überraschung: 499.000 Antworten (am 4.7.2013) - kontrovers, quer durch alle Bundesländer und Altersgruppen.
Viele Juristen bezweifeln, ob ein absolutes Verbot juristisch durchsetzbar ist, aber darum geht es in diesem Kapitel weniger. Es soll das Bewusstsein schärfen, dass beim Handy/ beim Smartphone Positionen, Emotionen und völlig unterschiedliche Nutzerinteressen aufeinanderprallen. Pro und Kontra hilft da wenig weiter, denn immer gilt es, Befindlichkeiten und andere Wahrnehmungen und Betroffenheit (Eltern, Lehrer, Jugendliche) zu berücksichtigen.
Die Debatte soll bei den Jugendlichen Verständnis wecken, dass, was für mich "das Top" ist, in anderen Kontexten und Situationen ein Problem sein kann und ist.
Es geht, wie kaum bei einem anderen Thema darum, situativ bezogen zu argumentieren, dabei aber auch Positionen aus anderen Interessenlage einzubeziehen - wie es auf S. 53 -56 der Lehrervertreter in seinem Votum für das Handyverbot tut.
Im Eifer der pädagogischen Diskussionen wird oft übersehen, dass das Smartphone – sinnvoll eingesetzt! – sehr wohl den Unterricht bereichern kann. So herrscht in einer Schule in Schwäbisch Gmünd zwar einerseits absolutes Handyverbot auf dem gesamten Schulgelände und in allen Pausen, auch in der Mittagspause. In der Schulordnung ist aber gleichzeitig ein Passus aufgenommen, der das Smartphone ausdrücklich erlaubt: »Sollte es für das Lernen im Unterricht sinnvoll sein, so darf der Fachlehrer den Gebrauch des Handys ausdrücklich gestatten.« Dies gilt etwa für einen komplexeren Tafelanschrieb, für kleinere Rechercheaufträge, falls Sachfragen auftreten, für das Festhalten von Standbildern, für das Filmen von kleinen Szenen usw.
Entscheidend ist aber, dass es nicht den Schülern überlassen bleibt zu entscheiden, wann sie online gehen dürfen, sondern dass die Lehrkraft dies in einer zeitlich begrenzten konkreten Unterrichtssituation zulässt.

Die Rede des Lehrers ist auch auf der CD im Ordner »Argumentieren« unter der Dateibezeichnung "Lehrervortrag_Smartphoneverbot_Schule" abgelegt. An dieser Argumentation wird untersucht, wie gut die Argumente begründet und belegt sind und wie der Antrag sprachlich unterstützt wird. Eine Übung, die auch auf eigene Argumentationen angewendet werden sollte.
Bei dieser Einheit können Fotos von der CD, Ordner »Schülerfotos«, einbezogen werden: Sie visualisieren in Form eines "Bilderbogens" die Bedeutung des Handys für Jugendliche und schulische Situationen.

Das Diskussionsforum - die Debatte in der Schulkonferenz SH 52

In den Gesprächsrunden werden, durch die Fragen geleitet, eigene Erfahrungen gesammelt und offen diskutiert, eine Bestandsaufnahme, unvoreingenommen und sachlich, die durch den Test (S. 51) bereits vorbereitet wurde.

In der Schulkonferenz treffen drei Gruppen aufeinander. Dies erfordert, sich über deren mögliche Positionen Gedanken zu machen, um sich solide vorbereiten zu können. In einer Debatte wie die in der Schulkonferenz gilt es, unterschiedliche Interessen abzuwägen und mehrheitlich zu einem Ergebnis zu kommen. SH 52 - 53

Werden mögliche Lehrer-Argumente zusammengestellt, ergibt sich, dass vor allem
- Störungen im Unterricht (siehe Bild)
- Täuschungsversuche
- Abgelenktsein der Schüler
- Verletzung von Persönlichkeitsrechten und Mobbing

gewichtet werden.

Es wäre auch denkbar, dass andere Lehrer positive Möglichkeiten des Smartphones aufführen und so "Freiräume" für möglich erachten könnten.

Aus "zwei Sichtweisen" werden ein Stück weit die Eltern argumentieren, die
- die Erreichbarkeit ihrer Kinder
- Vorteile wie Kommunikation, Online - und Lernmöglichkeiten vorbringen könnten, zugleich aber auch Verständnis haben werden für schulische Belange und Besonderheiten.

Wenn die Schüler "dagegen argumentieren" und ihr Votum vortragen, sollten sie
- Positionen der Lehrerseite nicht einfach widerlegen wollen, sondern einbeziehen, darauf Bezug nehmen;
- versuchen, einzelne Argumente abzuschwächen oder
- durch konstruktive eigene Ideen begegnen;
- nicht nur fordern, sondern Belege aufführen, inwiefern die Nutzung möglich und sinnvoll sein kann;
- dadurch die eigene Position untermauern;
- Positionen der Eltern bekräftigen, die ein völliges Verbot kritisch sehen;
- ihre Befindlichkeit als Jugendliche vorstellen.

Ein „Absolutes Verbot" ist nicht sinnvoll und nötig – flexible Vorschläge können ein „absolutes Verbot " erübrigen; diese sollten aufgeführt werden.
So praktiziert, wird Streitkultur gepflegt!

Empfehlung: Internetsuche mit verschiedenen Fragen und Begriffen
Die Frage "Handyregelung Schule" mit Anführungszeichen ergab (5.7.2013) nur 16 Antworten, darunter Regelungen aus Schulen. "Handyverbot Schule" bewirkte 301 Ergebnisse. Werden die Wörter *Handyregelung Schule* ohne Anführungszeichen eingeben, ergibt das wesentlich mehr Antworten, über 9.100! Darunter jedoch ganz brauchbare am Anfang der Ergebnisliste. SH 56
Ebenso ergibt *Handyverbot Schule* eine Flut von Ergebnissen, darunter einige interessante Zeitungsartikel vorne in der Ergebnisliste.
Handyverbot pro und kontra? liefert 3.220 Antworten, darunter einige (mühsam auszuwertende) aus Blogs.

§ Auf Seite 56 sind einige wichtige Rechtsbestimmungen aufgeführt, die bei der Argumentation zu berücksichtigen sind.

Die Seite 63 ff., hier im Heft, enthalten Kopiervorlagen von klicksafe.de zum effektiven Suchen in Suchmaschinen.

SH 57 - 60

Verändert das Internet unsere Kommunikation?

Kommunikation besser verstehen

Kommunikation spielt beim Thema »Generation Online« eine zentrale Rolle:

1. Zunächst dienen die digitalen Medien der Generation Online – angefangen bei der SMS und der E-Mail, über die Web-Seiten des Internets bis hin zu Handy und Skype – primär der Kommunikation.
2. Die Kontaktaufnahme und die Erhaltung von zwischenmenschlichen Beziehungen ist das erklärte Ziel sozialer Netzwerke wie Facebook. Dieses Beziehungsgeflecht beruht auf nichts anderem als Kommunikation.
3. Die Zeit, in der kommuniziert wird, und der mediale Aufwand, mit dem kommuniziert wird, sind im Vergleich zu den vorangehenden Generationen deutlich angestiegen.
4. Der mediale Aufwand steht – zumindest für den außen stehenden Beobachter – in keinem angemessenen Aufwand zu den Inhalten. So scheint es nahezu verrückt, über Satelliten oder ein weitverzweigtes Netz von Sendemasten Banalitäten (»Fahre gerade los!«, »Alles im grünen Bereich?«) auszutauschen.
5. Die Kommunikationsverhalten scheint sich auf eine bedenkliche Weise geändert zu haben. Der Kommunikationsstil bzw. der »Ton« wird nach Beobachtung von Lehrern, aber auch von Schülern rauer. Da die Kommunikation technisch gesehen mit minimalem Aufwand jederzeit möglich ist, wird schneller und damit auch unbedachter kommuniziert. Auch der Zwang zur Zeichenreduktion in SMS und Tweeds führt zu polarisierenden Formulierungen, Anreden und Grußformeln entfallen.

   Hinzu kommt, dass das Gegenüber nicht präsent ist und damit die normale Hemmschwelle fällt. Während beim Briefeschreiben noch länger über die Formulierungen nachgedacht und bis zum Einwurf in den Briefkasten noch überlegt werden kann, ob der Brief tatsächlich in dieser Form und mit dieser Botschaft abgeschickt werden soll, ist mit einem Mausklick die Message bereits versandt.

   Darauf werden auch z.T. Attacken im Cyber-Mobbing zurückgeführt. Unbedacht, aus "jugendlichem Leichtsinn", aus einer Laune heraus wird eine Attacke online geschickt, ein Bild online gestellt ...
6. Während die medialen Möglichkeiten nahezu ins Unendliche gesteigert worden sind, ist etwas Wesentliches verloren gegangen: die Unmittelbarkeit der Face-to-face-Kommunikation. Zwar kann ein Mensch (man stelle sich den Präsidenten der Vereinigten Staaten, den Papst oder einen charismatisch auftretenden Popstar oder Spitzenfußballer vor) theoretisch seine »Botschaft« an Milliarden von Menschen schicken, aber er kann seinen Adressaten nicht wirklich in die Augen schauen, er kann ihnen nicht die Hand geben und er kann auch nicht deren Feedback in seine Ansprache mit einbeziehen.
7. Durch Facebook und andere soziale Netzwerke verlagert sich die Kommunikation in den digitalisierten Lebensraum des Cyberspace, der von den Gegnern als virtuelle Scheinwelt betrachtet wird, während die Befürworter darauf verweisen, dass die Teilnehmer auf der anderen Seite der Leitung real in der Welt existieren. Hinter diesem Meinungsstreit steht die Frage, inwieweit sich durch das Switchen zwischen diesen Bereichen die Kommunikation verändert.

   So formuliert Gerald Hüther, Leiter der Zentralstelle für Neurobiologische Präventionsforschung der Universitäten Göttingen und Mannheim/Heidelberg, Bedenken (siehe Impulstext 2), dass häufige virtuelle Kontakte auf Dauer dazu führen können, dass es Jugendlichen immer schwerer fällt, die Emotionen ihres realen Gegenübers wahrzunehmen und zu deuten. Lebendige Beziehungen seien komplizierter und störanfälliger, zwängen dazu, eigene Positionen infrage zu stellen und sich auf den anderen einzulassen. „Bei einem virtuellen Kontakt behält man die Kontrolle, wenn einem nicht passt, was der andere mitteilt, kann man sich ja ausloggen." „Alle komplexeren Leistungen verkümmern ja, wenn man die dazu erforderlichen Verschaltungen im Gehirn nicht mehr benutzt. Das ist wie bei Musikern, die ihr Instrument nicht mehr spielen", sagt Hüther.[1]

---

1 Focus online, Montag, 22.06.2009: Jugendliche plaudern anders, Quelle: http://www.focus.de/schule/familie/medien-tipps/kommunikation-jugendliche-plaudern-anders_aid_410356.html

Diese Aspekte dürfen im Unterricht nicht fehlen und sind deshalb auf den Seiten 57 - 60 im Schülerheft in folgenden Schritten thematisiert:

- Die Schüler erarbeiten sich, ausgehend von ihren Alltagserfahrungen, mithilfe eines Ideenspeichers einen Begriff von Kommunikation. Um die Funktionalität von Kommunikation zu akzentuieren, kann die Lehrkraft die Leitfrage »Wozu kommunizieren wir?« voranstellen. Die Definition von Kommunikation ist als Zusammenfassung nachgestellt, damit die Schüler zunächst einmal selbst einen Versuch wagen, Kommunikation aus ihren Alltagserfahrungen heraus zu definieren. SH 57
- Durch ausgewählte SMS-Äußerungen machen sich die Schüler bewusst, dass sie mit Worten zugleich auch handeln, dass ihrer Kommunikation bestimmte Sprechakte zugrunde liegen. SH 58
- Im nächsten Schritt wird deutlich, dass die Beziehungsfunktion oftmals die wichtigste Funktion ihrer Kommunikation darstellt, gefolgt von der Ausdrucks- und der Unterhaltungsfunktion. Die wichtigeren Funktionen (Information und Überzeugung) spielen zumeist nur eine untergeordnete Rolle.
- Im Schülerheft wird die Sprache der Generation Online an Beispielen aus der Klasse problematisiert. Der Aspekt Sprachgebrauch wird vertieft mit der Auseinandersetzung einer Netiquette. SH 59 - 60

Zur Verdeutlichung oder Hilfestellung können zwei Sachtexte mit Arbeitsaufträgen aus der Datei "Kommunikation.doc" (Ordner »Materialien«) gelesen werden.
Auf der CD stehen zwei weitere Beiträge bereit: "Jugendsprache.doc" und "Denglisch.doc" (Ordner »Rechtschreibung_Sprache«). "Denglisch.doc" beschäftigt sich mit der Umgangssprache, die von Jugendlichen verwendet wird, um sich von Eltern und Lehrern abzugrenzen und um die Dazugehörigkeit zur eigenen Generation auszudrücken. Mitunter dient dieser Jargon als Geheimcode, der von Außenstehenden kaum zu verstehen ist. "Denglisch.doc" thematisiert die übertriebene und teilweise auch unnötige Verwendung von Anglizismen.

Leiden durch neue Kommunikationsformen menschliche Beziehungen? SH 60

SOCIAL WEB

Impulstext 1

Impulstext 2

Auf die Impulskarikatur zu Twitter (SH 7) und die Auswertung von Impulstext 2 (SH 11) werden zurückgegriffen, um das Thema abzurunden. Vor dem Hintergrund des Aspekts »Kommunikation« bieten sich Einsichten zu folgenden Teilaspekten an:

Körpersprache:	Man kann nicht nicht-kommunizieren. (Paul Watzlawick)
Unangemessenheit:	Die private Kommunikation des Paares hat im öffentlichen Bereich von Twitter nichts verloren.
Verlagerung:	Die Antwort in der virtuellen Welt (statt eines Gedankenaustauschs in der realen Welt) macht deutlich, dass das Paar tatsächlich in verschiedenen Welten lebt!

Hüthers Bedenken sind dann gerechtfertigt, wenn jemand unangenehmen Gesprächen ausweicht oder persönliche Kommunikation "technisch" verlagert. Umgekehrt lässt sich einwenden, dass manches Schwere sich leichter nonverbal mitteilen lässt, Briefe sind dafür ideal geeignet. Wichtig ist, dass die Jugendlichen sich darüber Gedanken machen, dass leidet, was man wenig nutzt!

Impulstext 2

Das Internet zur Information nutzen
Die beiden Impulse von Johannes Moskaliuk und Hanna Pilarczyk initiieren die Frage, ob und wie Jugendlichen dazu motiviert werden können, die Informationsmöglichkeiten des Internets stärker zu nutzen.

SH 61

Dabei ist nicht nur an eine Suche in Google und anderen Suchmaschinen oder in Internetkatalogen gedacht, wobei deren sinnvolle, da vorstrukturierte Nutzung viele Informationen zugänglich macht, sondern an die weltweite Verfügbarkeit von Medien über Web 2.0 und die Erweiterung des eigenen Horizonts.
Es sei erinnert an YouTube als rasant wachsende "Plattform für Unterhaltung und Information", in der auch Fernsehsender (neben ihren eigen Mediatheken) für Unterricht und Bildung wertvolle Beiträge bereit stellen (siehe S. 18).
„Für Jugendliche hat sich hier [in YouTube] ein wichtiger Raum entwickelt – als soziales Netzwerk, als Bühne, als Kommunikationsraum, als Marktplatz – kurz: ein Stück Lebenswelt, der auch Bildungsraum ist. [...]
Ich denke, YouTube ist gerade noch recht unentdeckt als Handlungsfeld für die (politische) Bildungsarbeit. Dafür bieten sich insbesondere die Möglichkeit des Aufbaus eigener Channels und die zahlreichen Kommunikationsmöglichkeiten an den Orten, wo sich Jugendliche aufhalten, an."
Daniel Seitz, YouTube als Netzwerk – ein geführter Rundgang durch die Lebenswelt von Jugendlichen.
Quelle: http://pb21.de/2013/05/lebenswelt-youtube-jugendliche/

Dieses Handlungsfeld kann auch für Schule und Unterricht genutzt werden. Chancen deuten sich auch bei Bildungsplattformen an, (die nicht den kommerziellen Anbietern überlassen werden dürfen), bei den Angeboten von Medienanstalten, in der Entwicklung von Apps usw.
Universitäten bereiten ihr Vorlesungsangebot multimedial auf und stellen es online bereit.

Internet Web 2.0

Die Aufforderung: „Sammelt Ideen wie in der Schule die Möglichkeiten und Vorteile von Internet und den neuen Medien genutzt werden können!" ist eine Anregung, sich Gedanken zu machen. Für die Schule ist es eine Herausforderung für die nächsten Jahre.

Medienkompetenz wird am stärksten gefördert, wenn Medien aktiv gestaltet werden. Als altbekannte Beispiele seien genannt: Schülerzeitungen (von analog zu digital, von Print zu Online), Schulradio, Schulhomepage und natürlich das Intranet. Möglichkeiten sind die Produktion von Hör- und Videoszenen, die Gestaltung kleiner Podcasts, das Betreiben von Weblogs, die Gestaltung von Wikis, um nur einige aufzuführen.

Die Botschaft des Web 2.0 lautet: Vom Konsumenten zum Prozenten, der Consumer wird zum Prosumer (vom englischen Wort „prosumer" oder „produser"), zum Verbraucher, der auch Produzent ist.

Es ist schon einiges erreicht, wenn Informationsmöglichkeiten des Web 2.0 stärker genutzt werden, etwa die behutsame Integration des E-Learning, was in vielen Fächern möglich ist. Suche - Sichtung - Eignung sind dabei die zentralen Stichworte.

Zu Themen wie "Jugendliche in Europa", "Schule in Europa" im Web gezielt Filme und geeignete Texte suchen und zusammenstellen (Linksammlung)

Einbeziehen von Filmen in YouTube - nach Prüfung!

Mit Partnerschulen über Facebook und das Netz Projekte gestalten und sich austauschen

Jugendnetzwerke anschauen, z.B. das arabisch-europäische Jugendnetzwerk „Cultural Innovators" des Goetheinstituts

(Das Cultural Innovators Network bietet jungen, engagierten Menschen aus der Mittelmeerregion und Deutschland eine Plattform, um sich gegenseitig auszutauschen, zu inspirieren und zu vernetzen.)

Der Deutsche Bildungsserver
http://www.bildungsserver.de/Web-2.0-in-der-Schule-7874.html

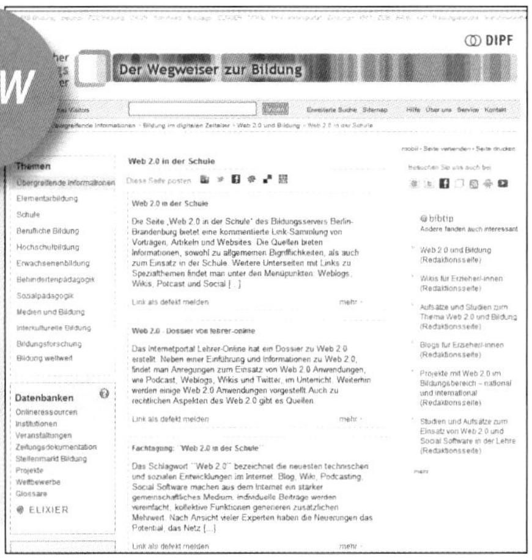

Als zentraler Wegweiser zum Bildungssystem in Deutschland bietet der Deutsche Bildungsserver allen Interessierten Zugang zu hochwertigen Informationen und Internetquellen – schnell, aktuell, umfassend und kostenfrei. Als Meta-Server verweist er primär auf Internet-Ressourcen, die u.a. von Bund und Ländern, der Europäischen Union, von Hochschulen, Schulen, Landesinstituten, Forschungs- und Serviceeinrichtungen und Einrichtungen der Fachinformation bereitgestellt werden.

Wie finde ich, was ich suche?
Die EU-Initiative klicksafe hat das neue Unterrichtsmodul „Wie finde ich, was ich suche? Suchmaschinen kompetent nutzen" in Zusammenarbeit mit der Freiwilligen Selbstkontrolle Multimedia-Diensteanbieter (FSM e.V.), der Kindersuchmaschine fragFINN.de und Google Deutschland erarbeitet. Es enthält neben konkreten Vorschlägen für die Unterrichtsgestaltung umfassende Informationen über die Funktionalität von Suchmaschinen und über das Suchverhalten von Kindern und Jugendlichen im Netz (siehe auch Seite 25).
„Die Entwicklung von Netzkompetenz ist untrennbar mit der Fähigkeit verknüpft, Suchmaschinen verantwortungsvoll und bewusst zu nutzen", sagt Renate Pepper, Direktorin der Landeszentrale für Medien und Kommunikation (LMK) Rheinland-Pfalz. „Durch die Flut an Informationen, die die Suchmaschinen bieten, werden Kinder und Jugendliche auch immer wieder mit Inhalten konfrontiert, die nicht für ihre Altersgruppe bestimmt sind. Sie müssen lernen, die gefundenen Informationen zu selektieren und inhaltlich zu bewerten. Dabei hilft ihnen das neue klicksafe-Unterrichtsmodul."
http://www.klicksafe.de/suchmaschinen

Kopiervorlage

Mit freundlicher Genehmigung von klicksafe.de drucken wir hier Tipps zum Suchen in Suchmaschinen ab:

Tipps & Tricks beim Suchen
Um das Wichtigste vorweg zu sagen: Bei den gebräuchlichen Suchmaschinen reicht meistens die simple Eingabe eines Wortes oder einer Wortgruppe aus, um die gesuchten Webseiten zu finden. Es gibt jedoch ein paar einfache Möglichkeiten, die Suche erheblich zu verbessern.
Anmerkung: Bei den nachfolgenden Suchbeispielen werden eckige Klammern [ ] zum Kennzeichnen von Suchanfragen verwendet. Beispiel: [Schwarzweiß] kennzeichnet somit eine einzelne Suchanfrage, während [Schwarz] und [Weiß] für zwei unterschiedliche Suchanfragen stehen.

... für die einfache Suche

Jedes Wort ist von Bedeutung. Bei der Auswertung einer Suchanfrage werden in der Regel alle eingegebenen Wörter berücksichtigt. Der Operator UND wird dabei standardmäßig hinzugefügt und ist daher nicht notwendig.

- [Berlin Kneipe] führt zum selben Ergebnis wie die Eingabe von „[Berlin] UND [Kneipe]"

Bei der Suche spielt die Groß-/Kleinschreibung keine Rolle.

- Eine Suche nach [new york times] ruft dieselben Suchergebnisse vor wie [New York Times].

Wörter, die sehr häufig verwendet werden, wie „der", „die", „das", „ein", „eine", „einer", „für" usw. werden in der Regel von Suchmaschinen ignoriert. Dasselbe gilt für Satz- oder Sonderzeichen wie @#$%^&*()=+]\.
Für beide Gruppen gibt es jedoch einige Ausnahmen:

- Die Suchanfrage [die Ärzte] bezieht sich wahrscheinlich auf die Musikgruppe „Die Ärzte", während [Ärzte] sich wahrscheinlich auf den Berufstand der Mediziner bezieht. In diesem Fall wird das „die" in der Anfrage [die Ärzte] ausnahmsweise nicht ignoriert.

- Satzzeichen in bekannten Begriffen, die eine bestimmte Bedeutung haben, wie etwa [C++] oder[C#] (beides sind Namen von Programmiersprachen), werden ebenfalls nicht ignoriert.
- Das Euro-Zeichen (€) weist in der Regel auf Preisangaben hin [nikon 400] und [nikon € 400] ergeben folglich unterschiedliche Ergebnisse. Auch hier wird also das Sonderzeichen ausnahmsweise nicht ignoriert.

Suchanfragen sollten so einfach wie möglich gehalten werden. Wenn nach einem bestimmten Konzept, Ort oder Produkt gesucht werden soll, empfiehlt es sich, zunächst nach dem einfachen Namen zu suchen. Ist man z.B. auf der Suche nach einer Pizzeria, so sollte man einfach „Pizza" und die Postleitzahl oder den Namen der Stadt eingeben, in der man die Pizzeria sucht. Für die meisten Suchanfragen sind keine Bindeworte oder ausgefallene Syntax erforderlich. Einfach reicht vollkommen aus!

Es sollten eindeutige Wörter gewählt werden. Je eindeutiger das Wort, umso größer ist die Wahrscheinlichkeit, relevante Ergebnisse zu erhalten. Wörter, die nicht sehr anschaulich sind, wie „Dokument", „Webseite" oder „Information", sind in der Regel überflüssig. Auch wenn das Wort die richtige Bedeutung hat, die meisten Leute jedoch ein anderes verwenden, findet man die gesuchten Seiten möglicherweise damit nicht.

- [stars klingeltöne] ist eindeutiger und somit beschreibender als [stars töne].

Das Gesuchte sollte mit wenigen, einfachen Wörtern beschrieben werden. Jedes zusätzliche Wort schränkt die Ergebnisse weiter ein. Wenn die Suchanfrage zu sehr eingegrenzt wird, könnten aber eine Menge nützlicher Informationen verpasst werden. Starten sollte man seine Suchanfrage daher mit nur wenigen Schlüsselwörtern. Erhält man nicht das gewünschte Ergebnis, geben die Ergebnisse wahrscheinlich einen Hinweis darauf, mit welchen zusätzlichen Wörtern man bei der nächsten Suche passendere Treffer erhält.

- Die Suchanfrage [wetter cancun] führt wahrscheinlich zu besseren Ergebnissen als die längere Suchanfrage [wetterbericht für cancun mexiko].

Man sollte sich überlegen, auf welche Art und Weise die gesuchte Web-Seite verfasst sein könnte. Eine Suchmaschine ist kein menschliches Wesen, sondern ein Programm, das die eingegebenen Wörter mit Seiten im Web abgleicht. Verwendet werden sollten daher Wörter, die sich mit hoher Wahrscheinlichkeit auf der Seite befinden.

- Statt [mein Kopf tut weh] sollte die Suchanfrage besser [Kopfschmerzen] lauten, da dieser Begriff auf medizinischen Seiten verwendet wird.

Ein Mensch versteht die Suchanfrage [In welchem Land werden Fledermäuse als Glücksbringer betrachtet?] sofort. Diese Wörter sind möglicherweise jedoch nicht alle in dem Dokument mit der Antwort enthalten, das gesucht wird. Verwendet werden sollte stattdessen die Suchanfrage [fledermäuse glücksbringer], da die richtige Seite wahrscheinlich diese Wörter enthält.

... für die fortgeschrittene Suche

Die oben genannten Tipps und Tricks reichen für eine einfache Suche in den gängigen Suchmaschinen meist aus. Dennoch gibt es Fälle, in denen der Einsatz von weiteren Suchfunktionen deutlich bessere Ergebnisse bringt; insbesondere bei Meta- und Katalogsuchmaschinen lohnt es sich, damit zu arbeiten. Eine Umfrage von GfK und SirValUse von 2008 zeigt, dass immerhin 17 Prozent aller Suchmaschinennutzer einige der nachfolgend aufgeführten Sonderfunktionen verwenden:

Suche nach Wortgruppen mit („ "): Die meisten Suchmaschinen werten die Reihenfolge mehrerer Wörter in der Suchmaske und die Tatsache, dass die Wörter zusammenstehen, als starkes Signal und weichen daher kaum davon ab. Anführungszeichen sind in der Regel unnötig. Wenn man nun aber eine Wortgruppe in Anführungszeichen setzt, so berücksichtigt die Suchmaschine genau diese Worte in genau dieser Reihenfolge. Beachtet werden sollte jedoch immer: Wenn man auf der Suche nach einer Wortgruppe besteht, schließt man möglicherweise andere gute Ergebnisse aus.

- Eine Suche nach [„Alexander Bell"] (mit Anführungszeichen) lässt möglicherweise die Seiten aus, in denen „Alexander G. Bell" auftaucht.

Suchanfragen mit Leerstellen *: Die Nutzung des Sternchens oder Platzhalterzeichens * ist eine der weniger bekannten Funktionen, die jedoch sehr effektiv sein kann. Wenn man * in eine Anfrage einfügt, behandelt ein Großteil der Suchmaschinen das Sternchen als Platzhalter für unbekannte Begriffe und sucht nach den besten Übereinstimmungen.

- Die Anfrage [Obama hat mit * über den Gesetzesvorschlag * abgestimmt] liefert Beiträge über verschiedene Abstimmungen zu verschiedenen Gesetzesvorschlägen. Der Operator * funktioniert nur für ganze Wörter, nicht für Teile von Wörtern.

Suchanfragen mit OR (oder): Wie bereits ausgeführt, werden standardmäßig bei den meisten Suchmaschinen alle Wörter in einer Suchanfrage berücksichtigt. Will man ausdrücklich irgendeines von mehreren Wörtern zulassen, so kann man den Operator OR einsetzen (wobei „OR" komplett in Großbuchstaben geschrieben werden muss).

- Die Anfrage [Bundeskanzlerin OR Regierungschefin] bringt deutlich mehr und auch andere Treffer als eines der beiden Wörter alleine.

Suche innerhalb einer bestimmten Webseite mit (site:): Suchmaschinen bieten teilweise die Funktion an, dass die Suche auf Suchergebnisse von einer bestimmten Webseite beschränkt wird.

- Die Anfrage [Irak site:faz.net] liefert Suchergebnisse über den Irak, die sich auf der Webseite der Frankfurter Allgemeinen Zeitung – faz.net – befinden. Die Anfragen [Irak faz.net] oder [Irak Frankfurter Allgemeine] sind in der Regel genauso effektiv, können allerdings auch Ergebnisse von anderen Webseiten liefern, auf denen die Frankfurter Allgemeine erwähnt wird.
- Irak site:.gov] gibt nur Ergebnisse von einer .gov Domain zurück und [Irak site:.iq] nur Ergebnisse von irakischen Domains.

Ausschluss von Begriffen mit – : Fügt man ein Minuszeichen direkt vor einem Wort ein, schließt man Seiten, die dieses Wort enthalten, von den Suchergebnissen aus. Das Minuszeichen muss sich unmittelbar vor dem betreffenden Wort befinden, und vor dem Minuszeichen muss ein Leerzeichen stehen.

- In der Anfrage [Anti-Viren-Software] fungiert das Minuszeichen als Bindestrich und wird nicht als Ausschlusssymbol gewertet. Bei der Anfrage [Anti-Viren -Software] wird nach den Worten „Anti-Viren" gesucht, Seiten, die den Begriff „Software" enthalten, werden hingegen ausgeschlossen.
- Man kann beliebig viele Wörter ausschließen, indem man jedem von ihnen ein Minuszeichen (-) voranstellt.
- [Jaguar -Autos -Fußball -Betriebssystem] sucht nach dem Tier Jaguar. Alle Seiten, die die Begriffe „Auto" oder „Fußball" oder „Betriebssystem" enthalten, werden ausgeschlossen.

Mit dem Minuszeichen (-) kann man jedoch nicht nur Wörter ausschließen. Wenn man beispielsweise einen Bindestrich vor den Operator „site:" (ohne Leerzeichen) setzt, schließt man sogar eine bestimmte Webseite von den Suchergebnissen aus.

Quelle: http://www.klicksafe.de/themen/suchen-recherchieren/suchmaschinen/tipps-tricks-beim-suchen/

Überlassung der Texte mit freundlicher Genehmigung von klicksafe.de

SH 62 - 73

Unterrichtsphase IV – Integration und Sicherung - Meinungsbildung und Argumentation

Die Themenbereiche sind erschlossen und untersucht.
In dieser 4. Unterrichtsphase probieren und sichern die Schüler ihre Kenntnisse; die Meinungsbildung wird trainiert und intensiviert, sie mündet in themenübergreifenden Argumentationen in Form umfassender Schreibaufgaben.

SH 62 - 63

Das Kompendium anlegen und nutzen

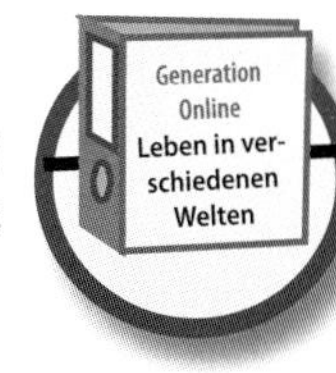

In diesem Kapitel haben wir bewährte Erfahrungen und Anregungen zur Anlage sowie Verwendung eines Kompendiums zusammengestellt. Üben Sie immer wieder die Verwendung und Eignung des Kompendiums und das Verwenden und Integrieren der Quellen in eigene Texte!

Die Tipps "Kompendium-Übersicht" (SH 63) finden Sie in Dateiform "Kompendium_Übersicht.doc" zum Anpassen und Ausfüllen am PC. Das Formular zur Stoffsammlung unter Einbezug des Kompendiums ist in "Kompendium_nutzen.doc" abgelegt. Die im Schülerheft S. 66 -68 zur Überarbeitung abgedruckte Musterlösung liegt digital in "Am Aufsatz feilen.doc" vor. Digital kann die Aufgabe ökonomischer ausgeführt werden. Dazu enthält der Ordner eine weitere Schülerlösung, "Info-Veranstaltung Generation Online.doc", mit gestaltetem Einladungsblatt und guten Argumenten (alle im Ordner »Argumentieren«).

SH 64 - 68

Schreibaufgaben meistern – mit Musterschreibaufgabe

Die Schreibaufgabe, einen Vortrag über Chancen und Risiken der neuen Medien zu halten, wird auf den Seiten 64 und 65 erschlossen.

Diese sorgfältige Vorarbeit stellt sicher, dass

- die Adressaten
- die Form
- die Themenbereiche
- die Form und
- der Aufbau und die Gliederung der Aufgabenstellung berücksichtigt werden.

Genauso wichtig ist die Verwendung des Kompendiums, wie auf Seite 65 erläutert.

SH 66 - 68

Am Aufsatz feilen und die Argumentation verbessern

Der im Schülerheft abgedruckte Aufsatz ist mit Verbesserungshinweisen versehen. Diese fordern mehrfach auf, die Argumente abzusichern und dazu die recherchierten Unterlagen des Kompendiums (und des Schülerheftes) einzubeziehen.
Alternativ kann anstatt einer Überarbeitung der Vorlage von *Angela H.* der Vortrag vollständig selbstständig geschrieben werden. Der Mustertext und gegebenenfalls die weitere Schülerlösung, "Info-Veranstaltung Generation Online.doc" mit gestaltetem Einladungsblatt, dienen dann als Anregungen.

SH 69 - 71

Kontrovers diskutieren und debattieren

Sinn und Zweck des Debattierens haben wir bereits beim Thema "Absolutes Handyverbot an Schulen?" kennengelernt und praktiziert.

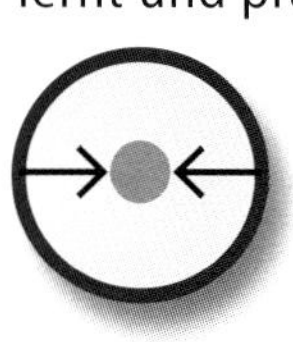

Hier provozieren vier unterschiedliche Ansichten zum Thema »Generation Online« direkt zum Widerspruch und laden so zur Diskussion ein.

Im Schülerheft

Seite 69
Ansichten eines Großvaters:
In der virtuellen Welt kann man nicht wirklich küssen

Seite 70
Polemik eines Auszubildenden:
Hört endlich auf, unsere Online-Medien zu verteufeln!

Auf der CD liegen diese Statements ergänzt um zwei weitere in der Datei Symbol CD "Pro_kontra_Internet_Wikipedia.doc" digital vor (Ordner »Argumentieren«)

Auf der CD: Pro-Kontra-Diskussion über Wikipedia

Warnung einer Lehrerin:
Lasst euch nicht online verdummen!

Plädoyer einer Schülerin:
Ein Menschheitstraum ist in Erfüllung gegangen!

Bei der Pro-Kontra-Diskussion über Wikipedia ist einer Lehrerin eine Schülerin gegenübergestellt. Damit werden Kontroversen ins Blickfeld gerückt, die sich in der Schule beispielsweise an folgenden Fragen entzünden:

- Darf aus Wikipedia zitiert werden? Wie zuverlässig ist die Online-Enzyklopädie?

Die vier Statements sind so konzipiert, dass sie alle durchaus einen wahren Kern haben, dass sie aber in ihrer Einseitigkeit zur Auseinandersetzung provozieren. Die Statements der Jugendlichen dürften den Schülerinnen und Schülern durchaus aus dem Herzen sprechen, aber auch in diesen Statements ist neben einem wahren Kern eine Einseitigkeit festzustellen.

In der virtuellen Welt kann man nicht wirklich küssen

So hat der liebenswürdige **Großvater** durchaus Recht mit seiner Skepsis gegenüber der virtuellen Welt und mit seiner Kritik am inflationären Gebrauch von Shortcuts. Aber er betrachtet Facebook usw. von außen, richtig urteilen kann man erst, wenn man sich mit diesen Phänomenen auseinandergesetzt hat.

Hört endlich auf, unsere Online-Medien zu verteufeln

Der Auszubildende hat richtig erkannt, dass im Generationskonflikt die Errungenschaften der jungen Generation oft und gerne von der älteren kritisiert werden. Und in der Tat wirken manche Meinungen der Generation offline oft verstaubt und hanebüchen.

In seiner polemischen Zurückweisung der Kritik übersieht Marcel aber, dass nicht alles Neue auch zwangsläufig gut sein muss. So ist die Strahlungsgefahr, die von Smartphones ausgeht, noch längst nicht ausreichend (das heißt: in Langzeitstudien) untersucht; die langen Online-Zeiten (bei Zehntklässlern im Durchschnitt mehr als zwei Stunden pro Tag!) stellen tatsächlich ein Problem dar und PowerPoint ist alles andere als ein Garant für eine ansprechende und funktionale Präsentation.

Lasst euch nicht online verdummen!

Die Deutsch- und Gemeinschaftskundelehrerin hat zwar mit ihrer Kritik an der Copy-and-Paste-Mentalität und mit ihrem Zweifel an der Zuverlässigkeit von Wikipedia aus pädagogischer Sicht durchaus Recht, aber sie verkennt die enormen Vorteile sowohl der Online-Enzyklopädie als auch der Copy-and-Paste-Technik. So wäre ihr entgegenzuhalten, dass es – statt zu verdammen – gerade Herausforderung eines guten Unterrichts sein könnte, Schüler zu einem kritischen und verantwortungsvollen Umgang mit diesen technischen Möglichkeiten zu befähigen.

Die **Berufsschülerin** hat in ihrem erfrischenden Idealismus die Leistung von Wikipedia durchaus erkannt, aber sie verkennt in ihrem Enthusiasmus, dass mit der Online-Enzyklopädie bewährte und anerkannte Nachschlagewerke wie der Brockhaus (Juni 2013) zur Aufgabe gezwungen werden und dass Aktualität sowie kostenlose und leichte Zugriffsmöglichkeiten nicht automatisch mit Qualität einhergehen. Vor allem aber übersieht Iris die Gefahren der Monopolisierung von Wissen. Wer garantiert, dass Wikipedia immer allen Menschen kostenlos zur Verfügung steht? Welche nicht legitimierte Macht hat Wikipedia, indem sie eines Tages den Zugriff auf das gesammelte Wissen verwehrt?

Es wird empfohlen, diese Statements zunächst von Schülern vortragen zu lassen, um die Klasse unmittelbar mit den recht dezidierten Meinungen zu konfrontieren.
Die Schüler dürfen und sollen Stellung beziehen. Aus diesen Statements entsteht zumeist eine lebhafte Diskussion, die viele interessante Aspekte deutlich macht. Nur wenn die Einseitigkeit des jeweiligen Standpunkts nicht ausreichend erkannt wird, sollte die Lehrkraft eingreifen.
Nachdem die vier Texte kontrovers diskutiert worden sind, können die Schülerinnen und Schüler die vier Texte eingehend untersuchen. Dazu dienen die Anregungen unter den Statements.

Die Lehrkraft entscheidet aus der Kenntnis der Klasse, ob sich die Schüler wahlweise nur mit einem Statement auseinandersetzen oder ob sie alle Statements bearbeiten sollen. Auf jeden Fall sollte zu jedem Statement mindestens eine Gegenposition vorgetragen werden, damit das Spektrum der Meinungen in der Klasse vorausgesetzt werden kann.

Da keines der der vier Statements ausreichend die jeweilige(n) These(n) begründet, sollte dies in einem zweiten Arbeitsschritt ergänzt werden. Dabei kann auf die Anregungen zurückgegriffen werden.

SH 72

Argumente-Speicher rund ums Rahmenthema

Argumentespeicher zu Teilthemen trainieren die Argumentationsfähigkeiten und unterstützen bei vielen Schreibaufgaben.
Ein Argumentespeicher kann auch als Vorlage für einen Test/ eine Klassenarbeit/ Klausur verwendet werden.
Argumentespeicher eignen sich auch gut für die Vorbereitung auf Klassenarbeiten oder auf eine Prüfung, da durch sie die Themen aufgefrischt werden.

Im Schülerheft stellen wir zwei Speicher vor, weitere Themenbereiche werden vorgeschlagen.

Die Datei "Argumentespeicher.doc" (Ordner »Argumentieren«) enthält die Argumente-Speicher des Schülerhefts, sieben weitere und eine Vorlage zum Zusammenstellen eigener in der Klasse oder durch Gruppen.

Vorschläge

- Gemeinsam die Argumentespeicher benennen/ festlegen, die "gefüllt" werden sollen.
- Je eine Gruppe erstellt einen davon: Einsatz der Unterlagen und des Schülerhefts.
- Wechselseitig testet ihn eine andere - Verbesserung, Überarbeitung
- Anschließend in Kleingruppen in Form kleiner Debatten einsetzen (Lagerdiskussion siehe SH S. 22).

SH 73

Schreibaufgaben im Schülerheft

Die drei Schreibaufgaben greifen zentrale Themen auf. Sie eignen sich als Abschluss- oder Prüfungsaufgaben. Auf Seite 71, hier im Lehrerheft, finden Sie weitere, die den Schülern nicht vorliegen.
Wichtig ist, dass ausgewertete Kompendiumunterlagen und Quellen aus dem Schülerheft einbezogen werden.

Der Verkauf von Smartphones boomt wie nie zuvor

In den Beiträgen der Datei "Faszination Smartphone.doc" (Ordner »Materialien«) werden anschaulich die Möglichkeiten des Smartphones beschrieben, der zweite Teil stellt die technische Entwicklung der Telekommunikation vor.

Sie können diese Datei den Schreibern vor der Durchführung geben (Erleichterung) oder als Möglichkeit, den eigenen Text damit zu überarbeiten.

Die Gliederung ist durch die Aufgabenformulierung vorgegeben:

Drei Hauptteile:

1) Möglichkeiten des Smartphones aufführen und belegen (dabei die Entwicklung kurz miteinbeziehen).
2) Risiken und Gefahren benennen und einige ausführen.
3) Möglichkeiten vorstellen, wie das Smartphone sinnvoll benutzt werden kann: Nutzerverhalten und -kompetenzen.

Form: Vortrag

- In einem Vortrag können interessante Statistiken oder Bilder gezeigt werden. Auf diese wird dabei Bezug genommen, diese werden daher auch kurz erläutert!
- Begrüßung, Dank für das Interesse, das Thema nennen, kurz den Aufbau des Vortrags vorstellen.
- Schluss - kurzes Fazit, Zusammenfassung , was aufgezeigt wurde.
- Den Zuhören danken und ihnen eine guten Weg mit ihrem Smartphone wünschen.

Safer Internet Day

a) Gestalte einen Beitrag für die Lokalzeitung ....

Form: Zeitungsartikel

Daher in der Einleitung den Safer Internet Day und dessen Intention darstellen.

Das Thema muss sorgfältig analysiert werden:

„Süchtig nach Kontakten im Netz? Online mit Maß und Ziel"

⇨ Lediglich die Gefahr, Kontakte im Netz zu intensiv zu nutzen, soll dargestellt werden. Deshalb beziehen sich auch die Vorschläge "Maß und Ziel" vor allem darauf.

Anmerkung: Im Gegensatz zur Computerspielsucht, hauptsächlich bei männlichen Probanden anzutreffen, weisen viele Erfahrungen darauf hin, dass die "Kontaktsucht" wesentlich häufiger bei Frauen als dysfunktionales Verhalten vorkommt.

Wichtige Inhalte:

Im Beitrag sollte einleitend darauf hingewiesen werden, dass das Internet und die Kommunikations-Möglichkeiten allgegenwärtig sind und vielfältige Chancen und Vorteile erschließen. Deshalb würde sogar von einer »Generation Online« gesprochen.

Aufführen: Facebook, WhatsApp, Chat, Blogs, Twitter usw.

Dann erläutern, was eine "Sucht" (Abhängigkeit) ist und woran diese zu erkennen ist - *Das Leben wird ins Internet integriert!*

Wichtig: Vorstellen, was es bedeutet, wenn ein Mensch suchtet, dessen persönliche Betroffenheit und Verluste, Rückzug, Realitätsverlust - die Folge: Vereinsamung und Kontaktverlust statt Gewinn.

Thematisieren, dass Kommunikation nicht nur online erfolgen kann und darf.

Abschließend einige Hilfsangebote und Schutzmöglichkeiten vorstellen, um zu einem selbstbestimmten Nutzungsverhalten zu gelangen: *Das Internet in das Leben integrieren!*

b) Verzichte eine Woche auf Internet, Social Media und lasse dein Handy/ Smartphone aus ...

Als "kleine Musterlösung" geben wir hier die Erfahrungen der Jugendredakteurin Selina Irnleitner wieder. Sie unternahm diesen Selbstversuch - allerdings nur einen Tag lang und ihr Handy blieb an - und veröffentlichte ihre Erfahrungen auf der Jugendseite der Schwäbischen Post am 5. Februar 2013 anlässlich des "Safer-Internet-Day".

Ein Tag ohne Internet - Selbstversuch: Keine E-Mails, kein Facebook, ...

Das Internet hat meinen Alltag fest im Griff", weiß Jugendredakteurin Selina Irnleitner. Und da sie ungern von etwas abhängig ist, hat sie sich anlässlich des „Safer Internet Days" ein scheinbar sehr einfaches Projekt vorgenommen:

Einen ganzen Tag ohne Internet – keine E-Mails lesen und keine Zeit in Facebook investieren".
Selina berichtet:

Ich musste schnell feststellen, dass mein Vorhaben doch schwieriger ist, als ich dachte. Während der Arbeit war ich zwar weniger abgelenkt als sonst, nach Feierabend war alles jedoch schwieriger.

Da ich kein gedrucktes Telefonbuch habe, musste ich die Telefonnummer meines Hausarztes bei meiner Mutter erfragen, „YouTube" durfte mir nicht meine Lieblingslieder spielen und die Pizzabestellung erfolgte auch auf Umwegen telefonisch über die Auskunft.

Zwei Freundinnen riefen an und schimpften, warum ich nicht auf ihre Nachrichten und E-Mails antworte. Stefanie habe sich von Mark getrennt und Annas Hund sei verschwunden. Das hätten beide sogar extra bei Facebook gepostet, wo ich denn lebe ....

Ich behielt mein Geheimnis für mich. Dennoch war ich entsetzt, wie viel Kommunikation doch über das Internet abläuft. Ich ließ mich nicht aus der Bahn werfen, ich wollte auch die letzten Stunden ohne Internet durchziehen. Ich widmete mich dem Fernsehprogramm, um meine Langeweile zu stillen. Zum Glück liefen interessante Dokumentationen, den Fachchargon dabei konnte ich mir aber leider nicht bei „Wikipedia" erklären lassen. Auch Kleinigkeiten wie die Fahrzeiten öffentlicher Verkehrsmittel zu erkunden oder Fußballergebnisse und das Kinoprogramm zu suchen, waren an diesem Abend ohne Internet nicht möglich. Ich ging früh schlafen und malte mir aus, wie viele E-Mails wohl in meinem Postfach auf mich warten und welche Internetseiten ich morgen besuchen kann. Ich hatte begriffen, dass aus meinem Leben das Internet nicht mehr wegzudenken ist.

Tipps:

- Stärker gewichten: Wo habe ich mich unwohl gefühlt, wo aber auch wohler?
- Die Schlussfolgerungen müssen stärker ausgeführt werden:
- Was hat der Versuch gezeigt?
- Ist das Vorhaben sinnvoll?
- Dazu gehören auch Vorschläge, wie ein "Verzicht" aussehen könnte.

Sind das Internet und das Smartphone Zeitdiebe?

Dieser dritte Schreibauftrag bietet Schülerinnen und Schülern die Möglichkeit, unterschiedliche Fragestellungen und Materialien aus dem Schülerheft unter dem übergeordneten Aspekt »Zeitverschwendung« nochmals zu bedenken und gedanklich zu bündeln; vergleiche hierzu im Schülerheft die Themen:

- **Mein Online-Alltag** S. 6
- **Den Ausknopf finden** S. 44
- **Warnung vor dem Internet** S. 45
- **Faszination Smartphone** S. 50 und besonders S. 51

Der Schreibauftrag bietet über das bekannte Jugendbuch von Michael Ende einen reizvollen Impuls. Auch wenn »Momo« nur bei einem Teil der Schüler als bekannt vorausgesetzt werden kann, ist die Symbolik verständlich.
Eine Sammlung und Gegenüberstellung in einem **Spaltenschema** ist als Vorarbeit hilfreich. Zunächst kann man den »guten« Gründen der Schüler für das Smartphone folgen und die Beispiele auflisten, die zeigen, wie man durch Internet oder Smartphone Zeit sparen kann. Wichtiger ist aber die kritische Gegenüberstellung der »Zeitfresser«-Beispiele. Am Ende der Gegenüberstellung könnte folgende **Vorteil-Nachteil-Bilanz** entstehen:

Internet (Laptop oder Smartphone)	
schenken/ ersparen uns Zeit	fressen/ verschwenden unsere Zeit
• Online-Recherche statt Gang in Bibliothek • Nutzen bei Wartezeiten / Fahrten usw. • Online-Commerce / Online-Banking • Organisation von Treffen über Facebook oder Doodle • Navi oder Routenplaner	• Arbeiten bzw. Geldverdienen für Kosten • ständige Ablenkung durch Erreichbarkeit • Zeitaufwand - Downloads und Installationen • viele unnötige oder banale Messages, die beantwortet sein wollen • Analoge Karten sind schneller zu lesen • Viele Möglichkeiten verleiten zum Verweilen

Entscheidend ist, dass Möglichkeiten gezeigt werden die (unnötigen) Zeitfresser zu minimieren, dass die Leser Anregungen zu einem selbstbestimmten Umgang mit den Neuen Medien erhalten.

Vorschlag für die Gliederung

- Als **Anlass des Schreibens** Bezug nehmen auf "graue Herren" und Kassiopeia, Schildkröte, die sich langsam aber stetig bewegt: Daraus leitet sich gewissermaßen die Gliederung ab:
- **Kurze Einleitung**, anschauliche Beispiele zu Internet, Smartphone und deren Vorteile - aber: prüfen, ob damit nicht Nachteile, Zeitverlust u.a. verbunden sind.
- Im **1. Hauptteil** aufzeigen von "Zeitdieben".
- im **2. Hauptteil** vorstellen von "Kassiopeia-Möglichkeiten" und deren Gewinn für den Menschen.
- Der **Schluss** fordert auf, es einmal auszuprobieren und dann selbst ein Urteil zu fällen.

Vorschläge, einige Dinge im Leben etwas langsamer anzugehen und sich auf wichtige Dinge zu konzentrieren:

- Ein Kostenplan für das Internet, der realistisch alle Kosten und Folgekosten erfasst (hierzu evtl. die Gegenrechnung: Wie viel Zeit muss / müsste ein Schüler arbeiten, um diese Kosten durch einen Schüler- bzw. Ferienjob zu erwirtschaften?)
- Unnötige Spielereien und Optimierungen in Frage stellen: Klingeltöne, Hintergrundbilder, usw.
- Reduktion auf maximal fünf Apps; Diskussion: Welche Apps sind wirklich hilfreich?
- Grundsätzlich Zeitkontrolle und freiwilliges Zeitlimit bei Online-Aktivitäten (hierbei sollten zwei Stunden die absolute Obergrenze sein)
- Prioritätensetzung: Welche Menschen und Kontakte sind mir wirklich wichtig?
- Bewusstmachung: Was ist mir wirklich wichtig? Bei welcher Aktivität bin ich zufrieden, bin ich glücklich?
- Feste Offline-Zeiten, um sich auf andere Dinge (und Menschen!) zu konzentrieren
- einen festen Offline-Tag pro Woche festlegen
- sämtliche automatische Benachrichtigungen (Facebook, Twitter usw.) deaktivieren, Newsletter abbestellen, wenn sie nicht wirklich von Interesse sind.

Wird die Aufgabe im Unterricht vorbereitet, sind mehrere Formen der individuellen Verschriftlichung nach der gemeinsamen Sammlung von Möglichkeiten, »wie man den Zeitdieben Paroli bieten kann«, vorstellbar:

1. Ein Memo für das Laptop oder die Smartphone-Tasche mit den fünf wichtigsten Tipps
2. Ein Eintrag ins Facebook-Profil, etwa unter der Überschrift: » Internet und Smartphone sind für mich keine Zeitfresser!«
3. Nach dem Muster von »Momo«: eine Geschichte zu den schlimmsten digitalen Zeitdieben schreiben.
4. Ein Vortrag vor jüngeren Schülern

Schreibaufgaben, die nicht im Schülerheft stehen

Bewerbung als Medienagent

Euer Medienzentrum bietet Schulungen an, um ältere, erfahrene Schülerinnen und Schüler im Nutzen des Internets und der neuen Medien zu "Medienagenten" weiterzubilden. Diese Medienagenten sollen dann die Schülerinnen und Schüler der 5. und 6. Klassen im Umgang mit dem Internet und Medien schulen und ihnen Sicherheit bei der selbstbestimmten Nutzung vermitteln.

Verfasse ein Bewerbungsschreiben, weshalb du dich für geeignet hältst, Mitschüler zu trainieren und deine Erfahrungen als Medienagent einzubringen.

Ein paar Tipps:

Stelle dich einleitend in deinem Brief kurz vor und zeige, welche Medienkompetenzen du schon hast, Einstellungen in Facebook, Erfahrungen mit ..., wissen, wie man nicht zu viel preis gibt ...

Führe an: Was und warum hältst du für wichtig, den Jüngeren beizubringen? Wo verhalten die sich problematisch, warum ist dir die Unterstützung der Jüngeren so wichtig?

Die Autoren eines Buches, das sich mit der Generation Internet beschäftigt, kommen zu folgendem Urteil: *„Doch ein Zurück in eine Welt vor dem Internet und vor Facebook gibt es nicht mehr. Es nützt daher wenig, sich gegen eine Welt mit Internet zu wehren, stattdessen sollten wir uns mit ihr beschäftigen, sie kennen(lernen), sie aktiv zum Besten formen und uns gemeinsam mit unseren Kindern: kümmern."*

tanja & johnny haeusler: Netzgemüse, Aufzucht und Pflege der Generation Internet. München 2012, S. 145

Stelle dar, weshalb das Wehren gegen eine Welt mit Internet wenig nützt, und zeige, wie Jugendliche, Eltern und Schule sich "kümmern" können.

„Bilden Jugendliche eine Generation Online, die in verschiedenen Welten lebt?"

Oft wird behauptet, das Internet sei eine virtuelle Welt, eine zweite Welt, in die sich die Jugendlichen flüchten. Klaus Raab hat darüber ein Buch geschrieben. Darin setzt er sich auch mit der Frage auseinander, ob man sich von der Welt entfremde, weil Online und Offline angeblich zwei verschiedene Welten seien:

»Ein Missverständnis, das aus einer vergangenen Zeit stammt. (...) Heute gehen wir nicht mehr online. Heute sind wir online. Wir trennen nicht mehr zwischen zwei Welten. Online – offline? Ein einziges Gleiten. (...) Das Smartphone ersetzt Landkarten, Straßenschilder, Adressbücher, Navigationsgeräte. (...)

Das Internet, dessen Zugangsbeschränkungen durch schnellere, bessere und mobile Technik immer weiter abgebaut wurden, ist ein Teil unserer Welt. Es gehört zur Heimat der digitalen Generation. Sie kann daher auch nicht ins Netz auswandern, wie Jugendlichen immer wieder unterstellt wird, wenn sie lange vor dem Bildschirm sitzen. Auswandern kann man nach Australien (...) Ins Netz auszuwandern, würde schwierig. Es ist ja hier. Es ist echt. Unsere Freunde sind echt. Unser Sozialleben ist echt, auch wenn wir es über das Netz organisieren und uns darüber austauschen. Es gibt kein falsches Leben im richtigen. Wir sprechen daher nicht von der Parallelwelt. Das Ding heißt Welt.«

Klaus Raab: *Wir sind online – wo seid ihr? Von wegen dummgesurft! Die unterschätzte Generation.* Taschenbuchausgabe bei Blanvalet, München 2012, S.155-157)

Verfasse einen Vortrag für einen Informationstag eurer Schule mit dem Titel **„Bilden Jugendliche eine Generation Online, die in verschiedenen Welten lebt?"** für die Besucher, Eltern, Lehrer, Mitschüler.

Als Hilfestellung einige Hinweise für die Stoffsammlung: Zeige an einigen Beispielen, dass die Praxis der »Generation online« ganz selbstverständlich Teil dieser Welt ist:

- Beispiel Smartphone
- Beispiel »Facebook«
- Beispiel Freizeit und Unterhaltung

  - Zeige am Beispiel Cyber-Mobbing, wie reale und virtuelle Welt ineinandergreifen.
  - Überlege, welche Online-Bereiche darauf angelegt sind, dass die User tatsächlich das Gefühl haben könnten, sie befänden sich in einer anderen Welt, einer »Second World«?
  - Wie und wodurch kann man sich in der "virtuellen Welt" verlieren?
  - Zeige auch, dass die Generation Online auch ohne Internet aktiv ist.
  - Wie könnte der Titel „Generation Online - Leben in verschiedenen Welten?" auch gemeint sein, wenn man die Erfahrungen und das Nutzerverhalten Jugendlicher dem älterer Generationen gegenüber stellt?

Als Alternative ist auch ein Artikel für die Schulhomepage oder für Wikipedia möglich.

Ein »Generation-Online«-Beitrag für Wikipedia

Beim Surfen in der Online-Enzyklopädie Wikipedia ist dir aufgefallen, dass ein wichtiger Beitrag fehlt. Stattdessen erscheint der Hinweis: »Der Artikel ›Generation Online‹ existiert in der deutschsprachigen Wikipedia nicht. Du kannst den Artikel erstellen«. Nehme diese Herausforderung an.

- Definiere auf etwa einer Seite »Generation Online«.
- Schreibe anschließend einen (etwa dreiseitigen) Artikel über die wichtigsten Medien und Tätigkeiten der Generation Online.

Links, wie sie vorkommen könnten, markierst du so: das Wort unterstreichen und / oder blau hervorheben.